Ex libris Bibliothecæ quam Illus:
trissimus Ecclesiæ Princeps D
PETRUS DANIEL HUETIUS
Epis. Abrincensis Domui Professæ
Paris. PP. soc. Jesu Integrā vivens donavit
An. 1692.

Y.e B95.

RELATION
DU VOYAGE
D'ESPAGNE.

Tome Premier.

A PARIS,
Chez CLAUDE BARBIN, au
Palais, sur le second Perron de la
Sainte Chapelle.

M. DC. XCI.
Avec Privilege du Roy.

6853

Ne extra hanc Bibliothecam efferatur.
Ex obedientiâ.

A
SON ALTESSE ROYALE
MONSEIGNEUR
LE DUC
DE CHARTRES.

ONSEIGNEUR,

Ce Genie sublime, qui vous rend l'admiration

ã ij

EPITRE.

de toute la Cour, donne à VÔTRE ALTESSE ROYALE une si noble émulation, pour apprendre tout ce qu'un grand Prince doit sçavoir, qu'elle décend même jusqu'aux moindres particularitez, qui peuvent satisfaire sa curiosité: C'est ce qui Vous a engagé, MONSEIGNEUR, de jetter les yeux sur la Relation de mon Voyage d'Espagne, que j'ose vous offrir, & que je vous supplie tres-humblement d'a-

EPITRE.

gréer. Vous avez voulu connoître un Pays, dont la Reine vôtre Sœur étoit la Souveraine, & faisoit toute la felicité. Vous avez voulu connoître des Caracteres & des Mœurs qui se commnniquent peu aux Etrangers; ce n'a été pour vôtre Penetration naturelle que l'Ouvrage d'un moment. VÔTRE ALTESSE ROYALE comprend toutes choses, sans qu'il luy en coûte aucune peine, & rien n'échappe à ses lumieres.

EPITRE.

Ceux qui ont l'honneur de l'approcher en demeurent d'accord, & sont charmez du progrez qu'Elle a fait dans les plus belles Sciences: Mais vous allez, MONSEIGNEUR, nous donner de nouveaux sujets d'admiration, la noble audace qui brille dans vos yeux; cet auguste Sang que vous tenez de tant de Rois, qui anime vôtre Cœur, & qui vous inspire tous les sentimens des Heros, nous

EPITRE.

promet des Actions merveilleuses : & comment aussi VÔTRE ALTESSE ROYALE pourroit-elle manquer de remplir les justes Idées que toute la France a sur Elle, puis qu'Elle va apprendre le Métier de la Guerre sous le plus sage & le plus grand Roy de l'Vnivers. Nos Ennemis, alarmez, se souviendront en vous voyant, que dans les Plaines de Cassel, SON A. R. MONSIEUR, a puny des Te-

EPITRE.

meraires comme eux. Ce Lieu memorable par la fameuse Bataille qu'il remporta, & dont la Victoire ajoûtée à ses autres Exploits, laisse à la Posterité un Monument éternel de sa Conduite & de sa Valeur, garde encore des Lauriers & des Palmes pour V. A. R. digne Fils de ce Grand Prince, digne Fils d'une Illustre & Vertueuse Princesse, nous vous verrons revenir couvert de Gloire. Mais entre tou-

EPITRE.

tes les Personnes qui le souhaitent, il n'y en aura point qui en ressentent plus de joye que moy, & qui soit avec un plus profond respect,

MONSEIGNEUR,

De vôtre Altesse Royale,

La tres-humble & tres-obeïssante Servante,

AV LECTEVR.

BIEN qu'il ne suffise pas d'écrire des choses vrayes, mais qu'il faille encor qu'elles soient vrayes-semblables pour les faire croire ; & que cette raison m'ait donné quelque envie d'ôter de ma Relation les Histoires qui y sont. J'en

AU LECTEUR.

ay été empéchée par des personnes d'une Naissance & d'un Esprit si distingué, qu'il me semble qu'en suivant leurs lumieres, je ne peux manquer. Je ne doute point qu'il n'y en ait d'autres, qui ne m'accusent d'avoir mis icy des Hyperboles, comme l'on a voulu le persuader à l'égard des Memoires de la Cour d'Espagne : mais celles qui assûrent avec le plus

AV LECTEVR.

de vehemence que l'Ouvrage n'est pas juste, pourroient être convaincuës par leurs propres Lettres, d'avoir mandé à la Cour la plûpart des choses que j'ay recueillies. Je puis en avoir sçû quelques-unes, dont elles n'ont pas été informées, ou dont elles croient ne devoir pas convenir. Un fait n'est point faux, parce qu'il n'est pas rendu public, ou parce

AV LECTEVR.

qu'il n'agrée point à quelque particulier. Je n'ay écrit que ce que j'ay vû, ou ce que j'ay appris par des personnes d'une probité incontestable. Je n'allegue point des Noms inconnus, ni des Gens dont la mort m'ait fourny la liberté de leur supposer des Avantures. Il faut aussi remarquer le Pays, l'Humeur & le Caractere en general de ceux dont je parle. Ces re-

AV LECTEVR.

flexions aideront à persuader que de certains Evenemens sont famimiliers dans un endroit qui n'arriveroient peut-être pas dans un autre: Mais enfin, sans démêler leurs causes, je me contente d'assûrer que ce qui est dans mes Memoires, & ce que l'on trouvera dans cette Relation, est tres-exact & tres-conforme à la verité.

Extrait du Privilege du Roy.

PAr grace & Privilege du Roy, donné à Paris le 29. Mars 1691. signé par le Roy en son Conseil, GAMART. Il est permis à Madame de B**** D** de faire imprimer, vendre & debiter par tel Imprimeur & Libraire qu'elle voudra choisir, *La Relation d'un Voyage d'Espagne*, pendant le tems & espace de dix années; & défenses sont faites à tous autres de l'imprimer ou faire imprimer pendant ledit tems, à peine de trois mille livres d'amende, confiscation des Exemplaires, & de tous dépens, dommages & interests, comme il est plus au long porté par lesdites Lettres de Privilege.

Regiſtré ſur le Livre de la Communauté des Imprimeurs & Libraires de Paris, ce 6. Avril 1691. Signé, P. AUBOÜIN, Syndic.

Ladite Dame de B✶✶✶✶ D✶✶ a cedé ſon Privilege à CLAUDE BARBIN Marchand Libraire à Paris, ſuivant l'accord fait entre-eux.

Achevé d'imprimer pour la premier fois, le 12 jour d'Avril 1691.

RELATION

RELATION DU VOYAGE D'ESPAGNE.

PREMIERE LETTRE.

PUISQUE vous voulez être informée de tout ce qui m'arrive & de tout ce que je remarque dans mon Voyage ; il faut vous resoudre, ma chere Cousine, de lire bien des choses inutiles, pour en trouver quelqu'unes qui vous plaisent. Vous avez le goût si bon & si delicat,

Tome I. A

que vous ne voudriez que des Avantures choisies, & des particularitez agreables; je voudrois bien aussi ne vous en point raconter d'autres : mais quand on rapporte fidellement les choses telles qu'elles se sont passees, il est difficile de les trouver toûjours comme on les souhaite.

Je vous ai marqué par ma derniere Lettre, tout ce qui m'est arrivé jusqu'à Bayonne. Vous sçavez que c'est une Ville de France, frontiere au Royaume d'Espagne ; elle est arrosée par les Rivieres Dadour & de Nivelle, qui se joignent ensemble, & la Mer monte jusques-là ; le Port & le Commerce y sont considerables ; j'y vins de d'Axe par eau, & je remarquay que les Bateliers de l'Adour ont la même habitude que ceux de la Garonne; c'est à dire, qu'en passant à côté les uns des autres, ils se chantent poüilles, & ils aimeroient mieux n'être point payez de leur voyage, que de manquer à se faire ces sortes de huées, quoy qu'elles étonnent ceux qui n'y sont pas accoûtumez. Il y a deux Châteaux assez forts pour bien défendre la Ville, & l'on y trouve en plusieurs endroits des promenades tres-agreables.

Lorsque je fus arrivée, je priay le Baron de Castelnau, qui m'avoit accompagnée depuis d'Axe, de me donner la connoissance de quelques jolies femmes, avec lesquelles je pusse attendre sans impatience les Littieres qu'on devoit m'envoyer de saint Sebastien.

Il n'eut pas de peine à me satisfaire; parce qu'étant homme de Qualité & de Merite, on le considere fort à Bayonne; il ne manqua pas dés le lendemain de m'amener plusieurs Dames me rendre visite; c'est la coûtume en ce Païs, d'aller voir les dernieres venuës, lorsqu'on est informé quelles elles sont.

Elles commencent là de se ressentir des ardeurs du Soleil; leur tein est un peu brun; elles ont les yeux brillans; elles sont aimables & caressantes; leur esprit est vif; & je vous rendrois mieux raison de leur enjouëment, si j'eusse entendu ce qu'elles disoient; ce n'est pas qu'elles ne sçachent toutes parler François: mais elles ont tant d'habitude au langage de leur Province, qu'elles ne peuvent le quitter; & comme je ne le sçay point, elles faisoient entre-elles d'assez longues conversations où je n'entendois rien.

Quelques-unes qui vinrent me voir, avoient un petit Cochon de lait sous le bras, comme nous portons nos petits Chiens; il est vray qu'ils étoient fort décrassez, & qu'il y en avoit plusieurs avec des Colliers de rubans de differentes couleurs: mais vous conviendrez que c'est une inclination fort bizarre, & je suis persuadée qu'il y en a beaucoup entre-elles, dont le goût est trop bon pour s'accommoder de cette coûtume. Il fallut lors qu'elles danserent, laisser aller dans la chambre ces vilains animaux, & ils y firent plus de bruit que des Lutins. Ces Dames dancerent à ma priere, le Baron de Castelnau ayant envoyé querir les Flutes & les Tabourins. Pour vous faire entendre ce que c'est, il faut vous dire qu'un homme jouë en même tems d'un espece de Fifre & du Tabourin, qui est un Instrument de bois fait en triangle & fort long, à peu prés comme une Trompette-marine, monté d'une seule corde, qu'on frape avec un petit bâton, cela rend un son de Tambour assez singulier.

Les hommes qui étoient venus accompagner les Dames, prirent chacun celle qu'il avoit amenée, & le branle commença en rond, se tenant tous par la main ; ensuite ils se firent donner des cannes assez longues, ne se tenant plus que deux à deux avec des mouchoirs qui les éloignoient les uns des autres ;

D'ESPAGNE. 7

leurs airs ont quelque chose de guai & de fort particulier, & le son aigu de ses Flutes se mêlant à celuy des Tabourins, qui est assez guerrier, inspire un certain feu qu'ils ne pouvoient moderer; il me sembloit que c'étoit ainsi que se devoit danser la Pirrique dont parlent les Anciens, car ces Messieurs & ces Dames faisoient tant de tours, de sauts & de cabriolles, leurs cannes se jettoient en l'air & se reprenoient si adroitement, que l'on ne peut décrire leur legereté & leur souplesse. J'eus aussi beaucoup de plaisir à les voir : mais cela dura un peu trop long-tems; & je commençois à me lasser de ce Bal mal ordonné, lorsque le Baron de Castelnau qui s'en apperçût, fit apporter plusieurs Bassins de

A iiij

tres-belles Confitures feiches; ce font des Juifs qui paffent pour Portugais, & qui demeurent à Bayonne, qui les font venir de Gennes; ils en fourniffent tout le Païs. On fervit quantité de Limonades, & d'autres Eaux glacées, dont ces belles Dames bûrent à longs traits, & la Fête finit ainfi.

On me mena le lendemain voir la Synagogue des Juifs au Fauxbourg du Saint Efprit; je n'y trouvay rien de remarquable; Monfieur de S. Pé, Lieutenant de Roy, qui m'étoit venu voir, quoy qu'il fut fort incommodé de la Goute, me convia de dîner chez luy. J'y fis un repas tres-delicat & magnifique, car c'eft un Païs admirable pour la bonne chere; tout y eft en abondance & à tres-grand marché. J'y trouvay des femmes de Qualité extrémement bien faites, qu'il avoit priées pour me tenir compagnie ; la vûë du Château qui donne sur la Riviere est fort belle ; il y a toûjours une bonne Garnison.

Lorsque je fus de retour chez moy, je demeuray surprise d'y trouver plusieurs pieces de toile qu'on m'avoit apportées de la part des Dames qui m'étoient venuës voir, avec des Quaisses pleines de Confitures seiches & de Bougies. Ces manieres me parurent fort honnêtes pour une Dame qu'elles ne connoissoient que depuis trois ou quatre jours : mais il ne faut pas que j'oublie de vous dire, qu'on ne peut voir de plus beau Linge que celuy que l'on fait en ce Païs-là ; il y en a d'ouvré, &

d'autre qui ne l'est point. La toile en est faite d'un fil plus fin que les cheveux ; & le beau Linge y est si commun, qu'il me souvient qu'en passant les Landes de Bordeaux, qui sont des Deserts où l'on ne rencontre que des Chaumieres & des Païsans qui font compassion par leur extrême pauvreté ; je trouvay qu'ils ne laissoient pas d'avoir d'aussi belles Servietes que les gens de Qualité en ont à Paris.

Je ne manquay pas de renvoyer à ces Dames de petits presens, que je crûs qui leur feroient plaisir. Je m'étois apperçuë qu'elles aiment passionnément les Rubans, & elles en mettent quantité sur leur tête & à leurs oreilles ; je leur en envoyay beaucoup, & je joignis à cela plusieurs beaux Evantails; en revanche elles me donnerent des Gands & des Bas de fil d'une finesse admirable.

En me les envoyant, elles me convierent d'aller au Salut aux Peres Prescheurs, qui n'étoient pas éloignez de ma Maison : elles sçavoient que j'ay quelque gout pour la Musique, & elles voulurent me regaler de ce qu'il y avoit de plus excellent dans la Ville : mais encore qu'il y eût de tres-belles voix, l'on ne pouvoit guére avoir du plaisir à les entendre, parce qu'ils n'ont ni la methode ni la belle maniere du chant. J'ay remarqué dans toute la Guyenne & vers Bayonne, que l'on y a de la voix naturellement, & qu'il n'y manque que de bons Maîtres.

Les Littieres que l'on devoit

m'envoyer d'Espagne étant arrivées, je songeay à mon départ: mais je vous asseure que je n'ay jamais rien vû de plus cher que ces sortes d'Equipages; car chacune des Littieres a son Maître qui l'accompagne ; il garde la gravité d'un Senateur Romain, monté sur un Mulet & son Valet sur un autre, dont ils relayent de tems en tems ceux qui portent les Littieres ; j'en avois deux, je pris la plus grande pour moy & pour mon enfant ; j'avois outre cela quatre Mulles pour mes gens, & deux autres pour mon Bagage. Pour les conduire, il y avoit encore deux Maîtres & deux Valets; voyez quelle misere de payer cette quantité de gens inutiles pour aller jusqu'à Madrid, & pour en revenir aussi, parce qu'ils comptent leur retour au même prix : mais il faut s'accommoder à leur usage, & se ruïner avec eux ; car ils traitent les François, ce qui s'appelle de Turc à Maure.

Sans sortir de Bayonne, je trouvay des Turcs & des Maures, & je croy même quelque chose de pis, ce sont les gens de la Doüanne ; j'avois fait plomber mes Coffres à Paris tout exprés, pour n'avoir rien à démêler avec eux : mais ils furent plus fins, ou pour mieux dire plus opiniâtres que moy, & il leur fallut donner tout ce qu'ils demanderent ; j'en étois encore dans le premier mouvement de chagrin, lorsque les Tambours, les Trompettes, les Violons, les Flutes & les Tabourins de la Ville me vinrent faire desesperer; ils me suivirent bien plus loin que la Porte Saint Antoine, qui est celle par où l'on sort quand on va en Espagne par la Biscaye; ils joüoient chacun à leur mode & tous à la fois, sans s'accorder; c'étoit un vray charivary. Je leur fis donner quelque argent; & comme ils ne vouloient que cela, ils prirent promtement congé de moy. Aussi-tôt que nous eûmes quitté Bayonne, nous entrâmes dans une campagne sterile, où nous ne vîmes que des Chataigniers: mais nous passâmes ensuite le long du rivage de la Mer, dont le sable fait un beau chemin, & la vûë est fort agreable en ce lieu.

Nous arrivâmes d'assez bonne heure à Saint Jean de Luz; il ne se peut rien voir de plus joly, c'est le plus grand Bourg de France & le mieux bâty ; il y a bien des Villes beaucoup plus petites ; son Port de Mer est entre deux hautes Montagnes, qu'il semble que la Nature a placées exprés pour le garantir des orages ; la riviere de Nivelle s'y degorge, la Mer y remonte fort haut, & les grandes Barques viennent commodément dans le Quay : on dit que les Matelots en sont tres-habiles à la pesche de la Baleine & de la Moluë : on nous y fit fort bonne chere ; & telle, que la table étoit couverte de Pyramides de Gibier : mais les Lits ne répondoient point à cette bonne chere, ils leur manquent des Matelats ; ils mettent deux ou trois lits de plumes de Coq les uns sur les autres, & les plumes sortant de tous les côtez font fort mal passer le tems. Je croyois lorsqu'il fallut payer, que l'on m'alloit demander beaucoup: mais ils ne me demanderent qu'un demy Loüis, & asseurément il m'en auroit coûté plus de cinq Pistolles à Paris; la situation de S. Jean de Luz est extrémément agreable.

On trouve dans la grande Place, une belle Eglise bâtie à la moderne: l'on passe en ce lieu la Riviere de Nivelle, sur un Pont de bois d'une extraordinaire longueur. Il y a là des Peagers qui font payer le droit des Marchandises, & des hardes que l'on porte avec soy. Ce droit n'est reglé que par leur volonté, & il est excessif quand ils voyent des Etrangers. Je me tuois de parler François, & de protester que je n'étois point Espagnolle, ils faignoient de ne me pas entendre, ils me rioient au nez ; & s'enfonçant la tête dans leurs Cappes de Bearn, il me sembloit voir des Voleurs déguisez en Capucins. Enfin, ils me taxerent à dix-huit Ecus ; ils trouvoient que c'étoit grand marché, & pour moy je trouvois bien le contraire : Mais je vous l'ay déja dit, ma chere Cousine, quand on voyage en ce Païs icy, il faut faire provision de bonne heure de patience & d'argent.

Je vis le Château d'Artois qui paroît assez fort ; & un peu plus loin Orognes, où l'on ne parle que Biscayn, sans se servir de la Langue Françoise ni de l'Espagnolle. Je n'avois dessein que d'aller coucher à Iron, qui n'est éloigné de Saint Jean de Luz que de trois petites lieuës, & j'étois partie aprés midy : mais la dispute que nous avions euë avec les Gardes du Pont, la peine que nous eûmes à passer les Montagnes de Beotie, & le mauvais tems joint à d'autres petits embarras qui survinrent, furent cause que nous n'arrivâmes qu'à la nuit au bord de la riviere de Bidassoa, qui separe la France de l'Espagne. Je remarquay le long du chemin depuis Bayonne jusques là, des petits Chariots sur lesquels on met toutes les choses que l'on transporte, il n'y a que deux rouës qui sont de fer; & le bruit en est si grand, qu'on les entend d'un quart de lieuë lorsqu'il y en a plusieurs ensemble, ce qui arrive toujours ; car on en rencontre soixante & quatre-vingt à la fois, ce sont des Bœufs qui les traînent. J'en ay vû de pareils dans les Landes de Bordeaux, & particulierement du côté de d'Axe.

La Riviere de Bidassoa est d'ordinaire fort petite : mais les neiges fonduës l'avoient grossie à tel point, que nous n'eûmes pas peu de peine à la passer, les uns en bateau, & les autres à la nâge sur leurs Mulets ; il faisoit un grand clair de Lune, à la faveur duquel on me fit remarquer à main droite, l'Isle de la Conference, où s'est fait le Mariage de nôtre Roy avec Marie Therése, Infante d'Espagne. Je vis peu aprés la Forteresse de Fontarabie, qui est au Roy d'Espagne; elle est à l'embouchûre de cette petite Riviere. Le flux & reflux de la Mer y entre. Nos

Rois prétendoient autresfois qu'elle leur appartenoit, & ceux d'Espagne le prétendoient aussi. Il y a eu de si grandes contestations là-dessus, particulierement entre les Habitans de Fontarabie & ceux d'Andaye, qu'ils en sont venus plusieurs fois aux mains. Cette raison obligea Loüis XII. & Ferdinand, de regler qu'elle seroit commune entre les deux Nations. Les François & les Espagnols partagent les droits de la Barque; ces derniers tirent le payement de ceux qui passent en Espagne, & les premiers le reçoivent de ceux qui vont en France, mais des deux côtez l'on rançonne également.

La Guerre n'empêche point le Commerce sur cette Frontiere; il est vray que c'est une necessité dont leur vie dépend ; ils mourroient de misere, s'ils ne s'entr'assistoient. Ce Païs appellé la Biscaye, est plein de hautes Montagnes, où l'on trouve beaucoup de Mines de fer. Les Biscayens grimpent sur les Rochers aussi vîte & avec autant de legereté, que feroit un Cerf. Leur Langue (si l'on peut appeller Langue un tel baragoüin) est si pauvre, qu'un même mot signifie plusieurs choses. Il n'y a que les Naturels du Païs qui la puissent entendre; & l'on m'a dit qu'afin qu'elle leur soit plus particuliere, ils ne s'en servent pas pour écrire ; ils font apprendre à leurs enfans à lire & à écrire en François ou en Espagnol, selon le Roy duquel ils font Sujets. Il est vray qu'aussitôt que j'ûs passé la petite Riviere de Bidaſſoa, on ne m'entendoit plus à moins que je ne parlaſſe Caſtillan ; & ce qui eſt de ſingulier, c'eſt qu'un demy quart d'heure auparavant, on ne m'auroit pas entenduë ſi je n'avois parlé François.

Je trouvay de l'autre côté de cette Riviere un Banquier de S. Sebaſtien, à qui j'étois recommandée, il m'attendoit avec deux de ſes parens; les uns & les autres étoient vêtus à la *Schomberg*, c'eſt proprement à la maniere de France, mais d'une maniere ridicule ; les Juſt'au-corps ſont courts & larges, les manches ne paſſent pas le coude, & ſont ouvertes par devant ; celles de leurs chemiſes ſont ſi amples, qu'elles tombent plus bas que le Juſt'au-corps. Ils ont des Rabats ſans avoir de colets de pourpoint, des Perruques où il y a plus de cheveux qu'il n'en faut pour en faire quatre autres bien faites, & ces Cheveux sont plus frisez que du crin boüilly; l'on ne peut voir des gens plus mal coëffez. Ceux qui ont leurs Cheveux les portent fort longs & fort plats; ils les separent sur le côté de la tête, & en passent une partie derriere les oreilles: mais quelles oreilles, bon Dieu! je ne croy pas que celles de Midas fussent plus grandes, & je suis persuadée que pour les allonger, ils se les tirent étant encore petits; ils y trouvent sans doute quelque sorte de beauté.

Mes trois Espagnols me firent en mauvais François de tres-grands & tres-ennuyeux complimens; nous passâmes le

Bourg de Tran, qui est à peu prés à un quart de lieuë de la Riviere, & nous arrivâmes ensuite à Irun, qui en est éloigné d'un autre quart de lieuë. Cette petite Ville est la premiere d'Espagne que l'on trouve en sortant de France. Elle est mal bâtie. Les ruës en sont inégales, & il n'y a rien dont on puisse parler: Nous entrâmes dans l'Hôtellerie par l'Ecurie, où donne le pied du degré par où l'on monte à la Chambre: c'est l'usage du Païs. Je trouvay cette Maison fort éclairée par une quantité de Chandelles qui n'étoient guére plus grosse que des allumettes ; il y en avoit bien quarante dans ma Chambre, attachées sur des petits morceaux de bois ; l'on avoit mis au milieu un brasier plein de noyaux d'Olives d'Olives en charbon, pour ne pas faire mal à la tête.

L'on me servît un grand souper que les Galands Espagnols m'avoient fait preparer ; mais tout étoit si plein d'ail, de safran & d'épice, que je ne pûs manger de rien ; & j'aurois fait fort mauvaise chere, si mon Cuisinier ne m'eût accommodé un petit Ragoût de ce qu'il pût trouver le plûtôt prêt.

Comme je ne voulois aller le lendemain qu'à saint Sebastien, qui n'en est éloigné que de sept ou huit lieuës ; je crûs que je devois dîner avant que de partir. J'étois encore à table, lorsqu'une de mes femmes m'apporta ma Montre pour la monter à midy, comme c'étoit ma coûtume ; c'étoit une Montre d'Angleterre de Tampion, qui rappelloit les

heures, & qui me coûtoit cinquante Loüis. Mon Banquier qui étoit auprés de moy, me témoigna quelqu'envie de la voir; je la luy donnay avec la civilité que l'on a d'ordinaire, lorsque l'on presente ces sortes de choses, s'en fut assez : mon Homme se leve, me fait une pro-
„ fonde reverence, & me dit qu'il
„ ne méritoit pas un Present si
„ considerable ; mais qu'une Da-
„ me comme moy n'en pouvoit
„ faire d'autre ; qu'il m'enga-
„ geoit sa foy & sa parolle qu'il
„ garderoit ma Montre toute sa
„ vie, & qu'il m'en avoit la derniere obligation. Il la baisa en achevant ce beau compliment, & l'enfonça dans une poche plus creuse qu'une besasse. Vous m'allez trouver bien sotte, de ne rien dire à tout cela ; j'en

tombe d'accord : mais je vous avouë que je demeuray si surprise de son procedé, que la Montre avoit deja disparu, avant que je pûsse bien déterminer ce que je voulois faire. Mes femmes & ceux de mes gens qui se trouverent presens, me regardoient ; je les regardois aussi, toute rouge de honte & de chagrin d'être prise pour dupe. Je ne l'aurois pas été long-tems ; car, graces à Dieu, je sçay fort bien comme on refuse ce que l'on ne veut pas donner, mais je fis reflexion que cét Homme devoit me compter une grosse somme pour achever mon Voyage, & pour renvoyer de l'argent à Bordeaux où j'en avois pris ; que j'avois des Lettres de credit pour luy, sur lesquelles, en cas de fâcheries, il pouvoit me faire attendre, & dépenser deux fois la valeur de la Montre. Enfin, je la luy laissay, & j'essayay de me faire honneur d'une chose qui me faisoit grand dépit.

J'ay sçû depuis cette petite Avanture, que c'est la mode en Espagne, lorsque l'on presente quelque chose à quelqu'un, & qu'on baise la main, que ce quelqu'un peut l'accepter s'il en a envie. Voilà une assez plaisante mode; & comme je ne l'ignore plus, ce sera ma faute si j'y suis ratrapée.

Je partis de cette Hôtellerie, où l'on acheva de me ruïner; car tout est gueux en ce Païs-là, & tout y voudroit être riche aux depens du Prochain. Peu aprés que nous fûmes sorties de la

Ville, nous entrâmes dans les Montagnes des Pyrenées, qui sont si hautes & si droites, que lors qu'on regarde en bas, l'on voit avec frayeur les Precipices qui les environnent. Nous allâmes de cette maniere jusqu'à Rentery, Dom Antonio (c'est le nom de mon Banquier) prit les devans ; & pour me faire aller plus commodément, il m'obligea de quitter ma Littieré, parce qu'encore que nous eussions traversé beaucoup de Montagnes, il en restoit de plus difficiles à passer. Il me fit entrer dans un petit Bateau qu'il avoit fait preparer pour descendre sur la riviere d'Andaye, jusqu'à ce que nous fussions proche de l'embboucheure de la Mer, où nous vîmes d'assez prés les Gallions du Roy d'Espagne ; il y en avoit

C iij

trois d'une grandeur & d'une beauté considerable ; nos petits Bateaux étoient ornez de plusieurs Banderolles peintes & dorées ; ils étoient conduits par des Filles d'une habileté & d'une gentillesse charmante : il y en a trois à chacun, deux qui rament & une qui tient le Gouvernail.

Ces Filles sont grandes, leur taille est fine, le tein brun, les dents admirables, les cheveux noirs & lustrez comme du geais; elles les nattent & les laissent tomber sur leurs épaules, avec quelques rubans qui les attachent ; elles ont sur la tête une espece de petit Voile de Mousseline brodée de fleur d'or & de soye qui voltige & qui couvre la gorge ; elles portent des pendans d'Oreilles d'or & de Perles, &

des Colliers de Corail; elles ont des efpeces de Juft'aucorps comme nos Bohémiennes, dont les manches font fort ferrées. Je vous affeure qu'elles me charmerent. L'on me dit que ces Filles au Pied-marin nâgeoient comme des Poiffons, & qu'elles ne fouffroient entre-elles ni femmes ni hommes; c'est une efpece de petite Republique où elles viennent de tous côtez, & leurs parens les y envoyent jeunes.

Quand elles veulent fe marier, elles vont à la Meffe à Fontarabie; c'eft la Ville la plus proche du lieu qu'elles habitent, & c'eft là que les jeunes gens fe viennent choifir une femme à leur gré; celuy qui veut s'engager dans l'Himenée, va chez les parens de fa Maîtreffe leur declarer ses sentimens, regler tout avec eux; & cela étant fait, l'on en donne avis à la Fille; si elle en est contente, elle se retire chez eux, où les Nôces se font.

Je n'ay jamais vû un plus grand air de gayeté, que celuy qui paroît sur leurs visages; elles ont de petites Maisonnettes qui sont le long du rivage, & elles sont sous de vieilles Filles ausquelles elles obeïssent comme si elles étoient leurs Meres; elles nous contoient toutes ces particularitez en leur langage, & nous les écoutions avec plaisir, lorsque le Diable qui ne dort point nous suscita noise.

Mon Cuisinier qui est Gascon, & de l'humeur vive des gens de ce Païs-là, étoit dans un de nos Bateaux de suite assis proche d'une jeune Biscayenne qui luy

parut tres-jolie ; il ne se contenta pas de le luy dire, il voulut lever son Voile, & le voulut bien
fort ; elle n'entendit point de
raillerie, & sans autre compliment elle luy cassa la tête avec
un Aviron, armé d'un Croc qui
étoit à ses pieds. Quand elle eut
fait cét exploit, la peur la prit,
elle se jetta promtement dans
l'eau, quoy qu'il fit un froid extrême ; elle nâgea d'abord avec
beaucoup de vîtesse ; mais comme elle avoit tous ses habits, &
qu'il y avoit loin jusqu'au rivage, les forces commencerent à
luy manquer ; plusieurs filles qui
étoient sur la Gréve, entrerent
vîte dans leurs Bateaux pour la
secourir ; cependant celles qui
étoient restées avec le Cuisinier
craignant la perte de leur Compagne, se jetterent sur luy com-

me deux Furies, elles vouloient resolument le noyer; & le petit Bateau n'en alloit pas mieux, car il pensa deux ou trois fois le renverser; nous voyons du nôtre toute cette querelle, & mes gens étoient bien empêchez à les separer & à les appaiser.

Je vous asseure que l'indiscret Gascon fut si cruellement battu, qu'il en étoit tout en sang; & mon Banquier me dit que quand on irritoit ces jeunes Biscayennes, elles étoient plus farouches & plus à craindre que des petits Lions. Enfin nous prîmes terre, & nous étions à peine débarquez, que nous vîmes cette Fille que l'on avoit sauvée bien à propos, car elle commençoit à boire lorsqu'on la tira de l'eau; elle venoit à nôtre rencontre avec plus de cinquante autres, chaeune ayant une Rame sur l'épaule: elles marchoient sur deux longues files, & il y en avoit trois à la tête qui joüoient parfaitement bien du Tambour de Basque ; celle qui devoit porter la parolle s'avança, & me nommant plusieurs fois *Andria*, qui veut dire Madame (c'est tout ce que j'ay retenu de sa Harangue) elle me fit entendre que la peau de mon Cuisinier leur resteroit, ou que les Habits de leur Compagne seroient payez à proportion de ce qu'ils étoient gâtez. En achevant ces mots, les joüeuses de Tambours commencerent à les fraper plus fort ; elles pousserent de hauts cris, & ces belles Pyrates firent l'Exercice de la Rame, en sautant & dançant avec beaucoup de disposition & de bonne grace.

Dom Antonio, pour m'indemniser du Present qu'il m'avoit escamoté (j'en parle souvent, mais il me tient encore au cœur) voulut pacifier toutes choses; il trouvoit que mon Cuisinier qui se croyoit suffisamment battu, auroit raison de ne vouloir rien donner, & ce fut luy qui distribua quelques Patagons à la Troupe Maritime. A cette vûë, elles firent des cris encore plus grands & plus longs que ceux qu'elles avoient déja faits, & elles me souhaiterent un heureux voyage & un promt retour, chacune dançant & chantant avec les Tambours de Basque.

Nous entrâmes dans un chemin tres-rude, & nous montâmes long-tems par des sentiers si étroits, au bas desquels il y a des Precipices, que j'avois grand peur que les Mulets qui portoient ma Littiere ne fissent un faux pas. Nous passâmes ensuite une Campagne sabloneuse : Je m'arrêtay quelque tems au Convent de S. François ; il est bâty proche de la riviere d'Andaye, nous la traversâmes sur un Pont de bois extremément long ; & bien que nous fussions fort proche de S. Sebastien, nous ne l'appercevions point encore, parce qu'une butte de sable assez haute cachoit cette Ville ; elle est située au pied d'une Montagne qui sert d'un côté comme de Digue à la Mer ; elle en est si proche, qu'elle y forme un Bassin, & les Vaisseaux viennent jusqu'au pied de cette Montagne, pour se mettre à l'abry des orages ; car il y a quelquefois là des tempêtes extraordinaires, & des

Ouragans si affreux, que les Navires à l'ancre perissent dans le Port. Il est profond & fermé de deux Môles, qui ne laissent qu'autant de place qu'il en faut pour passer un seul Navire. On a elevé en cét endroit une grosse Tour quarrée, où il y a toujours une bonne Garnison pour se défendre en cas de surprise ; le jour étoit beau pour la Saison où nous sommes ; je trouvay la Ville assez jolie ; elle est ceinte d'un double mur. Il y a plusieurs pieces de Canon sur celuy qui donne du côté de la Mer, avec des bastions & des demie-lunes ; elle est située dans une Province d'Espagne nommée Guipuscoa ; les dehors en plaisent infiniment à cause que la Mer, comme je viens de vous le dire, luy sert de Canal. Les Ruës de cette Ville sont longues & larges, pavées d'une grande pierre blanche qui est fort unie, & toûjours nettes; les Maisons en sont assez belles, & les Eglises tres-propres, avec des Autels de bois chargez depuis la Voûte jusqu'au bas, de petits Tableaux grands comme la main. Les Mines de Fer & d'Assier se trouvent tres-facilement dans tout le Païs; on y en voit de si pur, que l'on tient qu'il n'y en a point de pareil en Europe, c'est leur plus grand trafic. On y embarque les Laines qui viennent de la vieille Castille, & il s'y fait un gros Commerce. Bilbao & Saint Sebastien sont les deux Ports les plus considerables que le Roy d'Espagne ait sur l'Ocean; le Château est tres-elevé & d'une mediocre défense, j'y ay pourtant vû d'assez belles pieces de Canon, & il y en a quantité le long des Ramparts: mais la Garnison est si foible, que des femmes la battroient avec leurs Quenoüilles.

Tout est aussi cher dans cette Ville qu'à Paris; on y fait tres-bonne chere, le Poisson est excellent, & l'on me dit que les Fruits y étoient d'un goût & d'une beauté admirable. Je descendis dans la meilleure Hôtellerie; & quelque tems aprés que j'y fus, Dom Fernand de Tolede envoya un Gentilhomme sçavoir s'il pourroit me voir sans m'incommoder: mon Banquier qui le connoissoit, & qui étoit pour lors dans ma Chambre, me dit que c'étoit un Espagnol de grande Qualité, Neveu du Duc d'Albe, qu'il venoit de Flandres, & qu'il alloit à Madrid.

Je

Je le reçûs avec l'honnêteté qui étoit deuë à sa Naissance, & j'y ajoûtay bien-tôt des égards particuliers pour son propre Merite ; c'est un Cavalier qui est bien fait de sa personne, qui a de l'esprit & de la politesse ; il est complaisant & agreable, il parle aussi bien François que moy : mais comme je sçay l'Espagnol, & que je serois bien-aise de le sçavoir encore mieux, nous ne parlâmes qu'en cette Langue.

Je restay tres-satisfaite de ses manieres ; il me dit qu'il étoit « venu en poste depuis Bruxelles ; « & que si je le trouvois bon, il « augméteroit mon train & seroit « de ma suite. Je crûs qu'il railloit, « & je luy répondis en plaisantant : mais il ajoûta que les chemins « étoient si remplis de Neiges, «

„ qu'effectivement il luy seroit
„ impossible d'aller en poste; qu'il
„ pourroit bien faire sur des Che-
„ vaux de plus grãdes traites que
„ s'il alloit en Littiere: mais que
„ l'honneur de m'accompagner,
&..... Enfin je connus qu'il étoit fort honnête, & qu'il ne démentoit point la galanterie naturelle aux Cavaliers Espagnols; je regarday comme un tres-grand secours, d'avoir un homme de cette Qualité, & du Païs, qui sçauroit se faire entendre & encore mieux se faire obeïr par les Muletiers, qui ont des têtes de fer & des ames de bouë.

Je luy dis que j'étois fort aise de l'avoir rencontré, & que les fatigues du chemin me seroient bien adoucies, par une aussi bonne compagnie que la sienne. Il commanda aussi-tôt à son Gentilhomme d'aller chercher une Littiere pour luy; il étoit déja tard, il prit congé de moy, & je me couchay aprés avoir fort bien soupé : car, ma chere Cousine, je ne suis pas une Heroïne de Roman, qui ne mange point.

Je commençois à peine à m'endormir, lorsque j'entendis quelqu'un parler François si proche de moy, que je crûs d'abord que c'étoit dans ma Chambre : mais ayant écouté avec plus d'attention, je connus que c'étoit dans une Chambre qui n'étoit separée de la mienne que par une Cloison d'ais assez mal jointe. J'ouvris mon Rideau du côté de la Ruelle, j'apperçûs de la lumiere au travers des planches, & je vis deux Filles, dont la plus âgée paroissoit avoir dix-sept

D ij

à dix-huit ans; ni l'une ni l'autre n'étoient pas de ces beautez sans défauts; mais elles avoient tant d'agrémens, le son de la voix si beau, & une si grande douceur sur le visage, que j'en fus charmée.

La plus jeune qui sembloit continuer la conversation, di-
» soit à l'autre: Non, ma Sœur, il
» n'y a point de remede à nos
» maux; il faut mourir ou les ti-
» rer des mains de cet indigne Vieillard. Je suis resoluë à tout, dit l'autre, en poussant un profond soûpir, m'en dut-il
» coûter la vie; Qu'avons-nous
» à ménager? n'avons-nous pas
» tout sacrifié pour eux? Alors, faisant reflexion sur leurs infortunes, elles s'embrasserent, & se prirent à pleurer fort douloureusement; & aprés avoir

consulté, & dit encore quelques parolles, dont je perdois la plus grande partie à cause de leurs sanglots, elles conclurent qu'il falloit qu'elles écrivissent : chacune le fit de son côté, & voicy à peu prés ce qu'elles se lûrent l'une à l'autre.

Ne juge pas de mon amour & de ma douleur par mes parolles ; je n'en ay point qui puisse t'exprimer l'un & l'autre ; mais souviens-toy que tu vas me perdre, si tu ne te porte aux dernieres extremitez, contre celuy qui nous persecute. Il vient de me faire dire, que si je tarde à partir, il nous fera arrêter. Iuge par cét indigne traitement de ce qu'il merite, & souviens-toy que tu me dois tout, puisque tu me dois mon cœur.

Il me semble que l'autre Billet estoit en ces termes :

Si je pouvois asseûrer ton repos en perdant le mien, je t'aime assez pour t'en faire le sacrifice. Ouy, je te fuirois si tu pouvois estre heureux sans moy; mais je connois trop ton cœur pour t'en croire capable. Cependant, tu reste aussi tranquille dans ta prison, que si tu me voyois sans cesse: romps tes chaînes sans differer, punis l'ennemy de nôtre amour, mon cœur en sera la recompense.

Aprés avoir fermé ces Billets, elles sortirent ensemble, & je vous avouë que j'ûs de l'inquietude pour elles, & beaucoup d'envie de sçavoir ce qui pouvoit être arrivé à deux si jolies personnes. Cela m'empêcha de me rendormir ; & j'attendois qu'elles revinssent, quand tout d'un coup l'on entendit un grand bruit dans la maison. Dans ce moment, je vis un Vieillard qui entroit dans cette Chambre, suivy de plusieurs Valets ; il tenoit les Cheveux d'une de ces belles filles, tortillez au tour de son bras, & la tiroit aprés luy comme une miserable victime : sa Sœur n'étoit pas traitée avec moins de cruauté par ceux qui la menoient. Perfides, leur disoit-il, vous n'êtes pas contentes du tort irreparable que vous faites à mes Neveux ; vous voulez leur persuader d'être mes bourreaux : Si je ne vous avois surprise avec ces Billets seducteurs, qu'en pouvoit-il arriver ? Quelles suites funestes, n'aurois-je pas eu

„ lieu d'en craindre ? Mais vous
„ me payerez tout pour une bon-
„ ne fois. Dés que le jour paroî-
„ tra, je vous feray punir comme
„ vous le meritez. Ah, Seigneur !
„ (dit celle des deux qu'il te-
„ noit encore) confiderez que
„ nous fommes des filles de Qua-
„ lité, & que nôtre Alliance ne
„ peut vous deshonnorer ; que
„ vos Neveux nous ont donné leur
„ foy & reçû la nôtre ; que dans
„ un âge fi peu avancé, nous
„ avons tout quitté pour les fui-
„ vre ; que nous fommes Etrange-
„ res, & abandonnées de tout
„ le monde. Que deviendrons-
„ nous ? Nous n'oferions retour-
„ ner chez nos parens ; & fi vous
„ voulez nous y contraindre, ou
„ nous mettre en prifon, donnez-
„ nous plûtôt la mort tout d'un
„ coup. Les larmes qu'elle ver-
foit

soit en abondance, acheverent de me toucher sensiblement; & si le Vieillard en avoit été aussi attendri que moy, il leur auroit bien-tôt rendu le repos & la joye.

Mes Femmes qui avoient entendu, un si grand bruit, & si proche de ma Chambre, se leverent dans la crainte qu'il ne me fût arrivé quelque accident; je leur fis signe de s'approcher doucement, & de regarder à travers les planches ce triste spectacle. Nous écoutions ce qu'ils disoient, lorsque deux hommes l'épée à la main, entrerent dans ma Chambre, dont mes Femmes avoient laissé la porte ouverte: ils avoient le desespoir peint sur le visage, & la fureur dans les yeux: J'en eus une si grande frayeur, que je ne

E

vous la puis bien exprimer; ils se regarderent sans rien dire, & ayant entendu la voix du Vieillard ils coururent de ce côté-là.

Je ne doutay point que ce ne fut les deux Amans, & c'étoit eux en effet, qui entrerent comme deux Lions dans cette Chambre. Ils inspirerent une si grande terreur à ces marauts de Valets, qu'il n'y en eut aucun qui osât s'approcher de son Maître pour le défendre, quand ses Neveux s'avancerent vers luy, & luy mirent l'épée sur „ la gorge. Barbare, luy dirent-„ ils, pouvez-vous traiter ainsi „ des Filles de qualité que nous „ devons épouser ? Pour être „ nôtre Tuteur, avez-vous droit „ d'être nôtre Tiran ? Et n'est-ce „ pas nous arracher la vie, que

de nous separer de ce que nous «
aimons ? Nous pourrions bien «
à present vous en faire porter «
une juste punition, mais nous «
sommes incapables de nous «
vanger d'un homme de vôtre «
âge, qui n'est pas en état de se «
defendre : donnez-nous vôtre «
parolle, & nous jurez sur ce «
qu'il y a de plus Saint, qu'en «
reconnoissance de la vie que «
nous vous laissons, vous con- «
tribuërez à nôtre bonheur, & «
que vous souffrirez que nous «
executions ce que nous leur «
avons promis. «

Le pauvre Vieillard étoit si transsi, que les parolles lui mouroient dans la bouche ; il jura plus que l'on ne vouloit ; il se mit à genoux ; il baisa plus de cent fois son poûce mis en croix sur un autre de ses doigts, à la

E ij

maniere d'Espagne. Il leur dit „ neanmoins, Qu'en tout ce qu'il „ avoit fait, il n'avoit envisagé „ que leurs propres interests; que „ sans cette vûë il devoit luy être „ fort indifferent qu'ils se marias„ sent à leur fantaisie ; & qu'enfin „ cela étoit resolu, qu'il ne s'y op„ poseroit de sa vie. Deux de ses Domestiques le prirent sous les bras, & l'emporterent plûtôt qu'ils ne luy aiderent à marcher. Alors les Cavaliers se voyans libres, se jetterent entre les bras de leurs Maîtresses, ils se dirent les uns aux autres, tout ce que la douleur, l'amour & la joye peuvent inspirer dans de pareilles occasions. Mais en verité, il faudroit avoir le cœur aussi touché & aussi content qu'étoit le leur, pour redire toutes ces choses. Elles ne sont propres qu'aux personnes plus tendres que vous ne l'êtes, ma chere Cousine, dispensez-moy donc de vous en fatiguer. J'étois si fatiguée moy-même de n'avoir pas encore dormy, que je ne les entendois plus que confusement; mais pour ne les plus entendre du tout, je m'enfonçay dans mon lit, & je me couvris la tête de ma couverture.

Le lendemain, Dom Fernand de Tolede m'envoya des Vins de liqueurs, avec une grande quantité de Confitures & d'Oranges. Dés qu'il crût que l'on me pouvoit voir il y vint; apres l'avoir remercié de son present, je luy demanday s'il n'avoit rien entendu de ce qui s'étoit passé pendant la nuit; il me dit que non, parce qu'il étoit dans un autre corps de Logis; mais qu'il en avoit déja appris quelque chose. J'allois luy raconter ce que j'en sçavois, lorsque nôtre Hôtesse entra dans ma Chambre. Elle me venoit prier de la part des deux Cavaliers, qui m'avoient fait si grande peur, l'épée à la main, de vouloir bien recevoir leurs excuses. Elle me dit aussi que deux Demoiselles, qui étoient proche de Blaye, souhaitoient de me faire la reverence. Je répondis à ces honnêtetez comme je devois, & ils ne tarderent guéres sans venir.

Que le retour de la joye produit des effets charmans! Je trouvé ces Messieurs fort bien faits, & ces Damoiselles tres-aimables; ni les uns ni les autres n'avoient plus sur leurs visages les caracteres du désefpoir; un air de gayeté étoit répandu dans leurs actions, & dans leurs parolles. L'aîné des deux freres me dit tout ce que l'on peut dire de plus honnête, sur la bévuë qu'ils avoient faite d'entrer dans ma Chambre : il ajoûta, qu'il avoit bien remarqué la peur qu'il m'avoit causée; mais qu'il m'avoüoit que dans ce moment, il se possedoit si peu, qu'il n'avoit sçû penser à autre chose qu'à secourir sa Maîtresse. Vous auriez été blâmable, luy dis-je, si vous aviez pensé à autre chose; cependant, s'il est vray que vous ayez envie de reparer l'allarme que vous m'avez donnée, ne refusez pas de satisfaire ma curiosité ; & si ces belles personnes y veulent consentir, apprenez-moy ce qui vous a reduits les uns & les autres, aux extrémitez où vous avez été. Il les regarda comme pour demander leur approbation, & elles la donnerent de fort bonne grace à ce que je souhaitois; il commença ainsi.

„ Nous sommes deux Freres,
„ Madame, nez à Burgos, & d'u-
„ ne des meilleures Maisons de
„ cette Ville. Nous étions en-
„ core fort jeunes, lorsque nous
„ restâmes sous la conduite d'un
„ Oncle qui prit soin de nôtre
„ éducation & de nôtre bien,
„ qui est assez considerable,
„ pour n'envier pas celuy d'au-
„ truy. Dom Diegue (c'est le
„ nom de nôtre Oncle) avoit
„ lié depuis long-tems une tres-
„ étroite amitié avec un Gen-
„ tilhomme qui demeure pro-
„ che de Blaye, dont le merite

est beaucoup au dessus de sa «
fortune ; on l'appelle Mon- «
sieur de Messignac. Comme «
nôtre Oncle avoit resolu de «
nous envoyer quelque tems «
en France, il l'écrivit à son amy, «
qui luy offrit sa Maison ; il «
l'accepta avec joye. Il nous «
fit partir, & il y a un an que «
l'on nous y reçût avec beau- «
coup de bonté. Madame de «
Messignac nous traita comme «
ses propres enfans ; elle en «
a plusieurs : mais de ses qua- «
tre filles, celles que vous voyez, «
Madame, sont les plus aima- «
bles. Il auroit été bien diffi- «
cile de les voir tous les jours, «
de demeurer avec elles, & de «
se deffendre de les aimer éper- «
duëment. «

Mon Frere me cacha d'a- «
bord sa passion naissante : je «

„ luy cachay aussi la mienne ;
„ nous étions tous deux dans
„ une mélancolie extrême : l'in-
„ quietude d'aimer sans être ai-
„ mez, & la crainte de déplai-
„ re à celles qui causoient nô-
„ tre passion, tout cela nous
„ tourmentoit cruellement :
„ mais une nouvelle peine aug-
„ menta encore celles que nous
„ avions déja : ce fut une ja-
„ lousie effroyable que nous
„ prîmes l'un contre l'autre.
„ Mon Frere voyoit bien que
„ j'étois amoureux ; il crût que
„ s'étoit de sa Maîtresse : je le
„ regarday aussi comme mon
„ Rival, & nous avions
„ une haine l'un contre l'autre
„ qui nous auroit porté aux
„ dernieres extrêmitez, si un
„ jour que je m'étois trouvé
„ dans un état à ne pouvoir

plus ignorer ma destinée, sans «
mourir de douleur, je ne me «
fusse déterminé de découvrir «
mes sentimens à Mademoi- «
selle de Messignac : mais com- «
me je n'étois pas assez hardy «
pour luy parler moy-même, «
j'écrivis sur des Tablettes «
quelques Vers que j'avois faits «
pour elle, & je les glissay dans «
sa poche ; elle ne s'en ap- «
perçût point. Mon Frere «
qui m'observoit toûjours, le «
remarqua ; & badinant avec «
elle, il les prit adroitement, & «
trouva que c'étoit une décla- «
ration d'amour, timide & res- «
pectueuse que je luy faisois. «
Il les garda jusques au soir, «
que m'étant retiré dans ma «
Chambre, avec la derniere «
inquietude, il vint m'y trou- «
ver; & m'embrassant tendre- «

„ ment, il me dit qu'il venoit me
„ témoigner l'excés de sa joye,
„ de me sçavoir amoureux de
„ Mademoiselle de Messignac.
„ Je demeuray comme un
„ Homme frapé de la Foudre ;
„ je voyois mes Tablettes entre
„ ses mains ; je me persuadois
„ qu'elle luy en avoit fait un sa-
„ crifice, & qu'il venoit insul-
„ ter à mon malheur. Il con-
„ nût à mon air & dans mes
„ yeux, une partie de ce que
„ je pensois. Détrompez-vous,
„ continua-t-il, elle ne m'a
„ point confié vos Tablettes ;
„ je les ay prises sans qu'elle ait
„ eu le temps de les voir. Je
„ veux vous servir auprés d'el-
„ le : mais, mon cher Frere, ser-
„ vez-moy aussi auprés de sa
„ Sœur aînée. Je l'embrassay
„ alors, & je luy promis tout ce

« qu'il vouloit ; ainsi mutuelle-
« ment nous nous rendions de
« bons offices l'un à l'autre ; &
« nos Maîtresses qui ne con-
« noissoient point encore le
« pouvoir de l'Amour, com-
« mencerent à s'accoûtumer à
« en entendre parler.

« Ce seroit abuser de vôtre
« patience, de vous dire, Ma-
« dame, comme nous parvînf-
« mes enfin par nos soins & nos
« assiduitez à gagner leurs
« cœurs. Que d'heureux mo-
« mens ! Que de beaux jours !
« de voir sans cesse ce que l'on
« aime, d'en être aimé, de se
« trouver ensemble à la Cam-
« pagne, où la vie innocente &
« champêtre laisse goûter sans
« trouble les plaisirs d'une paf-
« sion naissante : c'est une feli-
« cité que l'on ne peut expri-
« mer.

„ Comme l'Hyver approchoit,
„ Madame de Meſſignac fut à
„ Bordeaux où elle avoit une
„ Maiſon ; nous l'y accompa-
„ gnâmes : mais cette Maiſon
„ n'étant pas aſſez grande pour
„ nous loger avec toute ſa famil-
„ le, nous en prîmes une proche
„ de la ſienne. Bien que cette
„ ſeparation ne fut que pour la
„ nuit, nous ne laiſsâmes pas de
„ la reſſentir vivement ; ce n'é-
„ toit plus ſe trouver à tous mo-
„ mens, nos viſites avoient un
„ certain air de ceremonies qui
„ nous allarmoit : mais nos al-
„ larmes redoublerent beau-
„ coup, lorſque nous vîmes
„ deux Hommes riches & bien
„ faits, s'attacher à Meſdemoi-
„ ſelles de Meſſignac, & atta-
„ quer la Place en forme ; cela
„ s'appelle, qu'ils declarerent

« qu'ils pretendoient à l'Hime-
« née, & qu'ils furent agrea-
« blement écoutez du Pere &
« de la Mere. O Dieu! que de-
« vinsmes-nous? leurs Affaires
« alloient fort vîtes; & nos
« cheres Maîtresses qui parta-
« geoient nôtre desespoir, mê-
« loient tous les jours leurs lar-
« mes avec les nôtres. Enfin,
« apres nous être bien tour-
« mentez, & avoir cherché mil-
« le moyens inutiles, je me re-
« solus d'aller trouver Mon-
« sieur de Messignac. Je luy
« parlay, & je luy dis tout ce
« que ma passion me pût inspi-
« rer, pour luy persuader de
« differer ses Mariages. Il me
« dit qu'il recevoit avec recon-
« noissance, les offres que mon
« Frere & moy luy faisions:
« que n'étant point encore

„ en âge, ce que nous ferions à
„ present pourroit être cassé
„ dans la suite ; qu'il aimoit
„ l'honneur ; que sa fortune
„ étoit mediocre ; mais qu'il
„ s'estimeroit toûjours heu-
„ reux tant qu'il pourroit vivre
„ sans reproche ; que mon On-
„ cle qui nous avoit confiez à
„ luy, seroit en droit de l'accu-
„ ser de nous avoir seduits ; &
„ qu'en un mot il n'y falloit pas
„ penser.

„ Je me retiray dans une af-
„ fliction inconcevable ; je la
„ partageay avec mon Frere, &
„ ce fut un trouble affreux par-
„ my nous. Monsieur de Messi-
„ gnac pour mettre le comble à
„ nos mal-heurs, écrivit à mon
„ Oncle ce qui se passoit, & le
„ conjura de nous donner des
„ ordres précis de partir. Il le

fit

fit aussi-tôt ; & ne voyant plus « de remede à nos maux, nous « fûmes mon Frere & moy trou- « ver Mesdemoiselles de Messi- « gnac ; nous nous jettâmes à « leurs pieds, nous leur dîmes « ce qui peut persuader des « cœurs déja prevenus ; nous « leur donnâmes nôtre Foy, & « des Promesses signées de nô- « tre sang : enfin l'Amourache- « va de les vaincre, elles con- « sentirent à leur enlevement. « Il ne nous fut pas mal aisé de « prendre des mesures justes, « & nôtre Voyage avoit été « heureux jusqu'à nôtre arri- « vée ceans ; mais il y a deux « jours qu'entrant dans cette « Maison, la premiere personne « qui se presenta à nous ce fut « Dom Diegue. Il étoit impa- « tient de nôtre retour; & pour «

„ se tirer de peine, il venoit nous
„ querir luy-même. Que de-
„ vinsmes-nous à cette vuë ? Il
„ nous fit arrêter comme des
„ criminels ; & oubliant que
„ Mesdemoiselles de Messignac
„ étoient les Filles de son meil-
„ leur amy, & personnes de
„ Qualité, il les chargea d'inju-
„ res & les accabla de menaces,
„ apres qu'il eut appris d'un de
„ mes gens que nous avions re-
„ solu d'aller *incognito* jusques à
„ Madrid, chez des parens que
„ nous y avons, pour attendre
„ en ce lieu que nous eussions
„ une entiere liberté de decla-
„ rer nôtre Mariage. Il nous en-
„ ferma dans une Chambre pro-
„ che de la sienne ; & nous y
„ étions, lorsque ces Demoisel-
„ les sont venuës cette nuit au
„ clair de la Lune tousser sous

nos fenêtres. Nous les avons entenduës, & nous y sommes courus. Elles nous ont fait voir leurs Lettres; & nous cherchions quelque chose pour les tirer, quand mon Oncle a été averty de ce qui se passoit. Il est descendu sans bruit avec tous ses gens, & à nos yeux il a outragé ces aimables Personnes. Dans l'excez de nôtre desespoir, nos forces ont sans doute augmenté, nous avons enfoncé les Portes que l'on avoit fermée sur nous; & nous courions pour les secourir, lorsqu'imprudemment, Madame, nous sommes entrez dans vôtre Chambre.

Le Cavalier se tût en cét endroit, & je trouvay qu'il avoit raconté sa petite Histoire avec esprit. Je le remerciay, & j'offris à ces Demoiselles mes soins & ceux de mes amis pour appaiser leur Famille. Elles les accepterent, & m'en témoignerent beaucoup de reconnoissance.

Quelques Dames de la Ville qui me sont venuës voir veulent m'arrêter; elles me proposent d'aller chez des Religieuses, dont le Convent est au haut de la Côte; elles m'offrent de m'y faire entrer, & me disent que la veuë de ce lieu n'a point de bornes; que l'on decouvre tout à la fois la Mer, des Vaisseaux, des Villes, des Bois & des Campagnes; elles vantent fort la voix, la beauté & les agrémens de ces Religieuses. Ajoutez à cela, que le mauvais tems est augmenté d'une telle maniere, & que la Neige est tombée en si grande abondance, que personne ne me conseille de me mettre en chemin. J'ay balancé un peu: mais l'impatience que j'ay de me rendre à Madrid, l'emporte sur toutes ces considerations, & je pars demain; j'ay reçû de mon Banquier l'argent dont j'avois besoin. Il ne faut pas au reste que j'oublie de vous dire, que les Habitans de cette Ville ont un Privilege assez particulier, & dont aussi ils se vantent beaucoup. C'est que lorsqu'ils traitent de quelques Affaires avec le Roy d'Espagne, & que c'est directement avec luy, il est obligé de leur parler la tête découverte; on ne m'en a pû dire la raison.

On m'a avertie qu'il faut faire une grosse provision pour ne pas mourir de faim en quelques endroits par où nous devons passer : comme les Jambons & les Langues de Porc sont en reputation dans le Païs, j'en ay fait prendre une bonne quantité ; & à l'égard du reste, nous n'avons rien oublié. Cependant c'est aujourd'huy le jour du Courrier, je ne veux pas laisser passer cette occasion de vous donner de mes nouvelles, ma chere Cousine, & de vous asseurer de toute ma tendresse.

A S. Sebastien, ce 20. Février 1679.

SECONDE LETTRE.

JE reprens sans compliment la suite de mon Voyage, ma chere Cousine ; en sortant de Saint Sebastien, nous entrâmes dans un chemin fort rude, qui aboutit à des Montagnes si affreuses & si escarpées, que l'on ne peut les monter qu'en grimpant, on les appellent Sierra de Sant Adrian. Elles ne montrent que des Precipices & des Rochers, sur lesquels un Amant desesperé se tuëroit à coup sûr, pour peu qu'il en eut envie. Des Pins d'une hauteur extraordinaire couronnent la cime de ces Montagnes : tant que la vûë peut s'étendre, on ne voit que des Deserts coupez de Ruisseaux plus clairs que le Crystail. Vers le haut du Mont Saint Adrian, on trouve un Rocher fort élevé, qui semble avoir été mis au milieu du chemin pour enfermer le passage, & separer ainsi la Biscaye de la vieille Castille.

Un long & penible travail a percé cette Masse de pierre en façon de Voûte : on marche quarante ou cinquante pas dessous, sans recevoir de jour que par les ouvertures qui sont à chaque entrée ; elles sont fermées par de grandes Portes. On trouve sous cette Voûte, une Hôtellerie que l'on abandonne l'Hyver à cause des Neiges. On y voit aussi une petite Chapelle de Saint Adrian, & plusieurs Cavernes

Cavernes où d'ordinaire les Voleurs se retirent ; de sorte qu'il est dangereux d'y passer, sans être en état de se defendre. Lorsque nous eûmes traversé le Roc, nous montâmes encore un peu pour arriver jusqu'au sommet de la Montagne, que l'on tient la plus haute des Pyrennées; elle est toute couverte de grands bois de Haître : Il n'a jamais été une si belle Solitude; les Ruisseaux y coulent comme dans les Valons ; la vûë n'est bornée que par la foiblesse des yeux ; l'ombre & le silence y regnent, & les Ecos répondent de tous côtez. Nous commençâmes ensuite à descendre autant que nous avions monté : l'on voit en quelques endroits des petites plaines peu fertiles, beaucoup de sables, & de tems

Tome I.   G

en tems des Montagnes couvertes de gros Rochers. Ce n'est pas sans raison, qu'en passant si proche l'on apprehende qu'il ne s'en détache quelqu'un dont on seroit asseurément écrasé; car on en voit qui sont tombez du sommet, & qui se sont arrêtez dans la pante sur d'autres Rochers; & ceux-là ne trouvant rien en leur chemin, feroient mal passer le tems aux Voyageurs. Je faisois toutes ces reflexions à mon aise; car j'étois seule dans ma Littiere avec mon Enfant, & la conversation d'une petite fille n'est pas d'un grand secours. Une Riviere nommée Urrola, assez grosse, mais qui étoit beaucoup augmentée par les Torrens & les Neiges fonduës, coule le long du chemin & forme d'espace en espace des Nappes d'eau & des Cascades qui tombent avec un bruit & une impetuosité sans pareille ; cela donne beaucoup de plaisir à la vûë.

On ne trouve pas là de ces beaux Châteaux qui bordent la Loire, & qui font dire aux Voyageurs que c'est le Païs des Fées. Il n'y a sur ces Montagnes que des cabanes de Bergers & quelques petits Hameaux si reculez, que pour y arriver il faut les chercher long-tems ; cependant tous ces Objets naturels quoy qu'affreux, ne laissent pas que d'avoir quelque chose de tres-beau : les Neiges étoient si hautes, que nous avions toûjours vingt hommes qui nous frayoient les chemins avec des pêles. Vous allez peut-être croire qu'il m'en coûtoit beaucoup : mais les ordres sont si bien etablis & si bien observez, que les Habitans d'un Village sont obligez de venir au devant des Voyageurs, & de les conduire jusqu'à ce qu'on trouve les Habitans d'un autre village ; & comme l'on n'a aucun engagement de leur rien donner, la plus petite liberalité les satisfait. On adjoûte à ce premier soin, celuy de sonner les Cloches sans cesse, pour avertir les Voyageurs des lieux où ils peuvent faire retraite dans un si mauvais tems ; il est tres-rare d'en voir un pareil en ce Païs, & l'on m'asseura que depuis quarante ans, les Neiges n'y avoient pas été si hautes que nous les trouvions : ainsi on les regardoit comme un espece de prodige, & il se passe beaucoup d'Hyvers sans qu'il gelle dans toute cette Province.

Nôtre Troupe étoit si grosse, que nous l'aurions bien disputé à ces fameuses Caravannes qui vont à la Méque : car sans compter mon train & celuy de Don Fernand de Tolede, il se joignit à nous proche de Saint Sebastien trois Chevaliers avec leurs gens, qui revenoient d'une Commanderie de Saint Jacques. Ils étoient deux de cét Ordre, & un de celuy d'Alcantara. Ceux-là portoient leurs Croix rouges faites en forme d'Epée brodée, sur l'épaule ; & celuy d'Alcantara, en avoit une verte : Un des deux premiers est d'Andalousie, l'autre de Galice, & le troisiéme de Catalogne. Ils sont d'une Naissance distinguée : celuy d'Andalousie se nomme Don Esteve de Carrajal; celuy de Galice s'appelle Don Sanche Sanniento; & celuy de Catalogne, Don Frederic de Cardonne. Ils sont bien faits, & sçavent fort le monde. J'en reçois toutes les honnêtetez possibles, & je leur trouve quelque chose de nos manieres Françoises. Il est vray aussi qu'ils ont voyagé dans toute l'Europe, & que cela les a rendus fort polis. Nous allâmes coucher à Galareta, c'est un Bourg peu distant du Mont Saint Adrian, situé dans la petite Province d'Espagne dont je viens de parler, nommée Alava, qui fait partie de la Biscaye. Nous y fûmes tres-mal: l'on compte de là à Saint Sebastien, onze lieuës.

Nous eûmes un plus beauchemin depuis Galareta jusqu'à Victoria, que nous ne l'avions eu le jour precedent. La terre y rapporte beaucoup de Bleds & de Raisins, & les Villages y sont fort prés les uns des autres. Nous trouvâmes les Gardes de la Doüanne, qui font payer les Droits du Roy lorsqu'on passe d'un Royaume à l'autre, & les Royaumes en Espagne sont d'une mediocre étenduë; ce Droit se prend sur les hardes & sur l'argent que l'on porte. Ils ne nous dirent rien par une raison assez naturelle, c'est que nous étions les plus forts. Don Fernand de Tolede m'avoit raconté le soir, que l'on voyoit proche de nôtre chemin le Château de Quebare, où l'on disoit qu'il revenoit un Lutin, & il me dit cent extravagances que les Habitans du Païs croyoient, & dont ils étoient si bien persuadez, qu'effectivement personne n'y vouloit demeurer. Je sentis un grand desir d'y aller: car encore que je sois naturellement aussi poltronne qu'une autre, je ne crains pas les Esprits; & quand bien j'aurois été peureuse, nôtre Troupe étoit si grosse, que je comprenois assez qu'il n'y avoit rien à risquer. Nous prîmes un peu sur la gauche, & nous fûmes au Bourg de Quebare; le Maître de l'Hôtellerie où nous entrâmes, avoit les Clefs du Château; il disoit en nous y menant, que le *Duende*, c'est à dire l'Esprit folet, n'aimoit pas le monde: que quand nous aurions été mille ensemble, si l'envie luy en prenoit il nous batteroit tous à nous laisser pour morts. Je commençay à trembler ; Don Fernand de Tolede & Don Frederic de Cardonne qui me donnoient la main, s'apperçûrent bien de ma frayeur, & s'en éclaterent de rire. J'en eus honte, je feignis d'être rasseurée, & nous entrâmes dans le Château, qui auroit pû passer pour un des plus beaux, si l'on avoit pris soin de l'entretenir. Il n'y avoit aucuns Meubles, excepté dans une grande Salle une Tapisserie fort ancienne, qui representoit les Amours du Roy Don Pedro le Cruel, & de Doña Maria de Padilla. On la voyoit dans un endroit assise comme une Reine au milieu des autres Dames, & le Roy luy mettoit sur la tête une Couronne de Fleurs. Dans un autre, elle étoit à l'ombre d'un Bois, le Roy luy montroit un Epervier qu'il tenoit sur le poing : Et dans un autre encore, elle paroissoit en Habit de Guerriere, & le Roy tout armé luy presentoit une Epée, ce qui m'a fait croire qu'elle avoit été à quelque expedition de Guerre avec luy. Elle étoit tres-mal dessinée, & Don Fernand disoit qu'il avoit vû de ses Portraits, qu'elle avoit été la plus belle & la plus mauvaise personne de son Siecle, & que les Figures de cette Tapisserie ne ressembloient point ni à Elle ni au Roy; son Nom, son Chifre, & ces Armes étoient par tout. Nous montâmes dans une Tour, au haut de laquelle étoit un Donjon, & c'est là que l'Esprit folet demeuroit : mais apparemment il étoit en Campagne, car asseurément nous ne vîmes & nous n'entendîmes rien qui eut aucun rapport avec luy; & aprés avoir parcouru ce grand Bâtiment, nous en sortîmes pour reprendre nôtre chemin. En approchant de Victoria, nous traversâmes une Plaine tres-agreable; elle est terminée par la Ville que l'on trouve au bout, & qui est située dans cette Province d'Espagne dont je viens de parler, nommée Alava; c'en est la Ville Capitale, aussi bien que la premiere de Castille: elle est fermée de deux enceintes de Murailles, dont l'une est vieille & l'autre moderne; du reste, il n'y a aucunes Fortifications. Apres que je me fus un peu délassée de la fatigue du chemin, l'on me proposa d'aller à la Comedie : mais en attendant qu'elle commençât, j'eus un vray plaisir de voir arriver dans la grande Place quatre Troupes de jeunes hommes precedez de Tambours & de Trompettes ; ils firent plusieurs tours, & enfin tout d'un coup ils commencerent la mélée à coups de pelotes de Neiges avec tant de vigueur, qu'il n'a jamais été si bien peloté ; ils étoient plus de deux cens qui se faisoient cette petite Guerre ; de vous dire ceux qui tomboient, qui se relevoient, qui culbutoient, qui étoient culbutez, & le bruit & la huée du Peuple, en verité cela ne se peut : mais je fus obligée de les laisser dans ce ridicule combat, pour me rendre au lieu où se devoit representer la Comedie. Quand j'entray dans la Salle, il se fit un grand cry de *mira, mira*, qui veut dire regarde, regarde: la Décoration du Theatre n'etoit pas magnifique. Il étoit elevé sur des Tonneaux & des Planches mal rangees, les Fenêtres toutes ouvertes; car on ne se sert point de Flambeaux, & vous pouvez penser tout ce que cela dérobe à la beauté du Spectacle. On joüoit la Vie de saint Antoine; & lorsque les Comediens disoient quelque chose qui plaisoit, tout le monde crioit *Victora, Victora*; j'ay appris que c'est la coûtume de ce Pays icy. J'y remarquay que le Diable n'étoit pas autrement vêtu que les autres, & qu'il avoit seulement des Bas couleur de feu, & une paire de cornes pour se faire reconnoître. La Comedie n'étoit que de trois Actes, & elles sont toutes ainsi. A la fin de chaque Acte serieux, on en commençoit un autre de farce & de plaisanteries, où paroissoit celuy qu'ils nomment *El gracioso*, c'est-à-dire le Boufon, qui parmy un grand nombre de choses assez fades, en dit quelquefois qui sont un peu moins mauvaises. Les entre-Actes étoient mêlez de Danses au son des Harpes & des Guitarres. Les Comediennes avoient des Castagnettes, & un petit Chapeau sur la tête : c'est la coûtume, quand elles dansent : & lorsque c'est la Sarabande, il ne semble pas qu'elles marchent, tant elles coulent legerement. Leur maniere est toute differente de la nôtre : Elles donnent trop de mouvement à leurs bras, & passent souvent la main sur leur Chapeau & sur leur Visage, avec une certaine grace qui plaît assez ; elles joüent admirablement bien des Castagnettes.

Au reste, ne pensez pas, ma chere Cousine, que ces Comediens, pour être dans une petite Ville, soient forts differens de ceux de Madrid. L'on m'a dit que ceux du Roy sont un peu meilleurs : mais enfin, les uns & les autres joüent ce que l'on appelle, *la Comedias famosas*, je veux dire les plus belles & les plus fameuses Comedies ; & en verité, la plûpart sont tres-ridicules. Par exemple, quand saint Antoine disoit son *Confiteor*, ce qu'il faisoit assez souvent, tout le monde se mettoit à genoux,

& se donnoit des *mea culpa* si rudes, qu'il y avoit dequoy s'enfoncer l'estomac.

Ce seroit icy un endroit à vous parler de leurs Habits; mais il faut, s'il vous plaît, que vous attendiez que je sois à Madrid; car, Description pour Description, il vaut mieux choisir ce qui est de plus beau : Je ne puis pourtant m'empêcher de vous dire, que toutes les Dames que je vis dans cette Assemblee, avoient une si prodigieuse quantité de rouge, qui commence juste sous l'œil, & qui passe du menton aux oreilles & aux épaules, & dans les mains, que je n'ay jamais vû d'Ecrevisses cuites d'une plus belle couleur.

La Gouvernante de la Ville s'approcha de moy : elle touchoit

choit mes Habits, & retiroit vîte sa main, comme si elle s'étoit brûlée. Je luy dit en Espagnol, qu'elle n'eut point de peur. Elle s'apprivoisa aisément, & me dit que ce n'étoit pas par crainte; mais qu'elle avoit apprehendé de me déplaire: qu'il ne luy étoit pas nouveau de voir des Dames Françoises; & que s'il luy étoit permis, elle aimeroit fort à prendre leurs modes. Elle fit apporter du Chocolat, dont elle me presenta; & l'on ne pût disconvenir qu'on ne le fasse ic meilleur qu'en France. La Comedie étant finie, je pris congé d'elle, aprés l'avoir remerciée de toutes ses honnêtetez.

Le lendemain, comme j'entrois daus l'Eglise pour entendre la Messe, je vis un Hermi-

te qui avoit l'air d'un Homme de Qualité, & qui me demanda l'aumône si humblement, que j'en fus surprise. Don Fernand l'ayant remarqué, s'approcha de moy, & me dit. La person-
,, ne que vous regardez, Ma-
,, dame, est d'une Illustre Mai-
,, son, & d'un grand merite;
,, mais sa destinée a été bien
,, malheureuse. Vous me faites naître, luy dis-je, une forte curiosité d'en sçavoir d'a-
vantage : voudrez-vous bien la
,, satisfaire. Je voudré toûjours
,, ce qui dépendra de moy pour
,, vous plaire, me dit-il, mais je
,, ne suis pas assez bien informé
,, de ses Avantures, pour
,, entreprendre de vous les ra-
,, conter, & je croy qu'il vaut
,, mieux que je l'engage de vous
,, en faire le recit luy-même. Il

me quitta, & fut aussi-tôt l'embrasser, comme l'on s'embrasse quand on se connoît. Don Frederic de Cardonne & Don Esteve de Carrajal l'avoient déja abordé, par ce qu'ils le connoissoient; & lorsque Don Fernand les eut joins, ils le prierent tous tres-instamment de venir avec eux quand on auroit dit la Messe. Il s'en défendit avec force; mais luy ayant dit que j'etois Etrangere, & qu'ils le conjuroient que je pusse apprendre de luy-même, ce qui l'avoit obligé de se faire Hermite, il y consentit enfin, à condition que je luy permettrois d'amener un de ses amis, qui étoit parfaitement bien informé de tout ce qui le regardoit. Rendons-nous justice, continua-t-il, & jugez si je pourrois raconter

„ de telles particularitez avec „ l'Habit que je porte. Ils trouverent qu'il avoit raison, & le prierent de vouloir amener son amy ; c'est ce qu'il fit peu aprés que je fus revenuë chez moy. Il me presenta un Cavalier tresbien fait ; & prenant congé de nous fort civilement, il luy dit, „ qu'il luy seroit obligé de satis-„ faire la curiosité que Dom „ Fernand de Tolede m'avoit „ donnée, de connoître la sour-„ ce de ses malheurs : ce Gen-„ tilhomme prit place auprés „ de moy, & commença en ces „ termes.

„ Je me trouve fort heureux, „ Madame, que mon amy m'ait „ choisi pour satisfaire l'envie „ que vous avez de sçavoir ses „ Avantures ; mais j'apprehen-„ de ne m'en pas acquitter aus-

si bien que je le voudrois. Ce- "
luy dont vous voulez appren- "
dre l'Histoire a été un des "
Hommes du monde le mieux "
fait; il seroit difficile d'en bien "
juger à present, qu'il est com- "
me enseveli dans son Habit "
d'Hermite. Il avoit la tête bel- "
le, l'air grand, la taille aisée, "
toutes les manieres d'un Hom- "
me de Qualité; avec cela, un "
esprit charmant, beaucoup "
de bravoure & de liberalité. "
Il est né à Cagliari, Capita- "
le de l'Isle de Sardagne, d'u- "
ne des plus Illustres & des "
plus riches Maisons de tout "
ce Païs. "

On l'éleva avec un de ses "
Cousins germains; & la sim- "
pathie qui se trouva dans leur "
humeur & dans leurs inclina- "
tions, fut si grande, qu'ils "

„ étoient bien plus étroitement
„ unis par l'amitié que par le
„ sang : ils n'avoient rien de
„ secret l'un pour l'autre ; &
„ lorsque le Marquis de Barba-
„ ran fut marié (c'est le nom
„ de son Cousin) leur ten-
„ dresse continua de la même
„ force.
„   Il épousa la plus belle per-
„ sonne du monde, & la plus
„ accomplie : elle n'avoit que
„ quatorze ans. Elle étoit he-
„ ritiere d'une tres-grande Mai-
„ son ; le Marquis découvroit
„ tous les jours de nouveaux
„ charmes dans l'esprit & dans
„ la personne de sa Femme, qui
„ augmentoient aussi tous les
„ jours sa passion. Il parloit sans
„ cesse de son bonheur à Dom
„ Loüis de Barbaran ; c'est le
„ nom, Madame, de mon Amy;

« & lorsque quelques affaires
« obligeoient le Marquis de s'é-
« loigner, il le conjuroit de res-
« ter auprés de la Marquise, &
« de la consoler de son absence.
« Mais, ô Dieu! qu'il est malai-
« sé quand on est dans un âge in-
« capable de réflexions serieu-
« ses, de voir sans cesse une per-
« sonne si belle, si jeune & si ai-
« mable, & de la voir avec indif-
« ference. Don Loüis aimoit
« déja éperduëment la Marqui-
« se, & croyoit encore ne l'aimer
« qu'à cause de son Mary. Pen-
« dant qu'il étoit dans cette er-
« reur, elle tomba dangereuse-
« ment malade : il en eut des
« inquietudes si violentes,
« qu'il connut alors, mais trop
« tard, qu'elles étoient causées
« par une passion qui devoit fai-
« re tous les malheurs de sa vie.

„ Se trouvant en cét état, & n'y
„ pouvant plus resister, il se fit
„ la derniere violence ; & se re-
„ solut, enfin, de fuïr & de s'é-
„ loigner d'un lieu où il risquoit
„ de mourir d'amour, ou de
„ trahir les devoirs de l'ami-
„ tié. La plus cruelle mort luy
„ auroit semblé plus douce que
„ l'execution de ce dessein ; ce-
„ pendant lorsque la Marquise
„ commença de se porter mieux,
„ il fut chez elle pour luy dire
„ adieu, & ne la plus voir.
„ Elle étoit occupée à choisir
„ parmy plusieurs Pierreries de
„ grand prix, celles qui étoient
„ les plus belles, dont elle vou-
„ loit ordonner un nouvel as-
„ sortiment. Don Loüis étoit
„ à peine entré dans sa Cham-
„ bre, qu'elle le pria, avec cét
„ air de familiarité que l'on a
pour

pour ses proches, de luy aller «
querir d'autres Pierreries qu'- «
elle avoit encore dans son Ca- «
binet. Il y courut ; & par un «
bon-heur auquel il ne s'atten- «
doit point, il trouva parmy ce «
qu'il cherchoit le Portrait de «
la Marquise fait en émail, en- «
touré de diamans & rataché «
d'un cordon de ses cheveux ; «
il étoit si ressemblant, qu'il «
n'eut pas la force de resister au «
desir pressant qu'il eut d'en «
faire un larcin. Je vais la quit- «
ter, disoit-il ; je ne la verray «
plus, je sacrifie tout mon repos «
à son Mary. Helas ! n'en est-ce «
pas assez, & ne puis-je point «
sans crime chercher dans mes «
peines une consolation aussi «
innocente que celle-cy. Il bai- «
sa plusieurs fois ce Portrait : il «
le mit à son bras, il le cacha «

„ avec soin ; & retournant vers
„ elle avec ces Pierreries, il luy
„ dit en tremblant la resolution
„ qu'il avoit prise de voyager.
„ Elle en parut étonnée ; elle en
„ changea de couleur : Il la re-
„ gardoit dans ce moment ; il
„ eut le plaisir de s'en apperce-
„ voir, & leurs yeux d'intelli-
„ gence en disoiēt bien plus que
„ leurs parolles. Hé : qui peut
„ vous obliger, Dom Loüis, luy
„ dit-elle, de nous quitter, vô-
„ tre Cousin vous aime si ten-
„ drement ; je vous estime : nous
„ sommes ravis de vous voir ; il
„ ne pourra vivre sans vous. N'a-
„ vez-vous pas déja voyagé ?
„ Vous avez sans doute quelqu'-
„ autre raison pour vous éloi-
„ gner : mais au moins ne me la
„ cachez pas. Dom Loüis pene-
tré de douleur, ne pût s'em-

pêcher de pousser un profond «
soupir ; & prenant une des «
belles mains de cette charman- «
te personne, sur laquelle il at- «
tacha sa bouche. Ha! Mada- «
me, que me demandez-vous, «
luy dit-il, que voulez-vous «
que je vous dise ; & que puis- «
je en effet vous dire dans l'état «
où je suis. La violence qu'il se «
faisoit pour cacher ses senti- «
mens luy causa une si grande «
foiblesse, qu'il tomba demy «
mort à ses pieds. Elle resta «
troublée & confuse à cette «
vûë ; elle l'obligea de s'asseoir «
auprés d'elle ; elle n'osoit lever «
les yeux sur luy, mais elle luy «
laissoit voir des larmes qu'elle «
ne pouvoit s'empêcher de ré- «
pandre, ni se resoudre de luy «
cacher.
«
A peine étoient ils remis de «
I ij

„ cette premiere émotion où le
„ cœur n'écoute que ses mouve-
„ mens, lorsque le Marquis en-
„ tra dans la Chambre. Il vint
„ embrasser Dom Loüis, avec
„ tous les témoignages d'une
„ parfaite amitié; & il fut incon-
„ solable, quand il apprit qu'il
„ partoit pour Naples. Il n'ômit
„ rien pour l'en dissuader : il luy
„ montra inutilement toute sa
„ douleur, il ne s'y rendit point:
„ il prit congé de la Marquise
„ sur le champ, & ne la revit
„ plus. Le Marquis sortit avec
„ luy; il ne le quitta point jus-
„ qu'au moment de son départ.
„ C'étoit une augmentation de
„ peine pour Don Loüis, il au-
„ roit bien voulu rester seul
„ pour avoir une entiere liberté
„ de s'affliger.

„ La Marquise fut sensible-

ment touchée de cette sepa- «
ration ; elle s'étoit apperçuë «
qu'il l'aimoit avant qu'il l'eût «
bien connu luy-même : & elle «
luy trouvoit un merite si dis- «
tingué, qu'à son tour elle l'a- «
voit aimé sans le sçavoir : mais «
elle ne le sçût que trop aprés «
son départ. Comme elle sor- «
toit d'une grande maladie, «
dont elle n'étoit pas encore «
bien remise, ce surcroit de «
chagrin la fit tomber dans une «
langueur qui la rendit bien- «
tôt méconnoissable ; son de- «
voir, sa raison, sa vertu la «
persecutoient également : elle «
sentoit avec une extrême re- «
connoissance les bontez de «
son Mary, & elle ne pouvoit «
souffrir qu'avec beaucoup de «
douleur, qu'un autre que luy «
occupât ses pensées & rem- «

„ plit sa tendresse : Elle n'osoit
„ plus prononcer le nom de
„ Dom Loüis ; elle ne s'infor-
„ moit jamais de ses nouvelles;
„ elle s'étoit fait un devoir in-
„ dispensable de l'oublier ; cet-
„ te attention qu'elle avoit sur
„ elle-même, luy faisoit souffrir
„ un continuel martyre ; elle en
„ fit la confidence à une de ses
„ Filles qu'elle aimoit chere-
„ ment. Ne suis-je pas bien mal-
„ heureuse, luy dit-elle, il faut
„ que je souhaite de ne revoir
„ jamais un homme pour lequel
„ je ne suis plus en état d'avoir
„ de l'indifference , son Idée
„ m'est toûjours presente; trop
„ ingenieuse à me nuïre, je croy
„ même le voir en la personne
„ de mon Epoux, la ressemblan-
„ ce qui est entre-eux ne sert
„ qu'à entretenir ma tendresse.

Ha! Mariane, il faut que je «
meure pour expier ce crime, «
bien qu'il soit involontaire; «
il ne me reste que ce moyen de «
me defaire d'une passion dont «
je n'ay pû jusqu'icy être Maî- «
tresse. Helas! que n'ay-je «
point fait pour l'étouffer, cet- «
te passion qui ne laisse pas de «
m'être chere : elle accompa- «
gnoit ces parolles de mille «
soûpirs : elle fondoit en lar- «
mes ; & bien que cette Fille «
eut de l'esprit & beaucoup «
d'attachement pour sa Maî- «
tresse, elle ne luy pouvoit rien «
dire qui fut capable de la con- «
soler. «

Cependant le Marquis re- «
prochoit tous les jours à sa «
femme son indifference pour «
Dom Loüis. Je ne puis souf- «
frir, luy disoit-il, que vous ne «

„ pensiez plus à l'homme du
„ monde que j'aime davantage,
„ & qui avoit pour vous tant de
„ complaisance & tant d'amitié.
„ Je vous avouë que c'est une
„ espece de dureté qui fait mal
„ juger de la bonté de vôtre
„ cœur : mais convenez au
„ moins, Madame, qu'il n'étoit
„ pas encore party, que vous
„ l'aviez déja oublié. Dequoy
„ luy serviroit mon souvenir,
„ disoit la Marquise avec une
„ langueur charmante, ne
„ voyez-vous point qu'il nous
„ fuit ; ne seroit-il pas encore
„ avec nous s'il nous avoit veri-
„ tablement aimez : Croyez-
„ moy, Seigneur, il merite un
„ peu qu'on l'abandonne à son
„ tour. Tout ce qu'elle pouvoit
„ dire ne rebuta point le Mar-
„ quis : il la persecutoit sans ces-

se pour qu'elle écrivit à Dom «
Loüis de revenir. Un jour en- «
tr'autre qu'elle étoit entrée «
dans son Cabinet pour luy «
parler de quelques affaires, «
elle le trouva occupé à lire «
une Lettre de Dom Loüis, «
qu'il venoit de recevoir. «

Elle voulut se retirer : mais «
il prit ce moment pour l'obli- «
ger de faire ce qu'il souhai- «
toit : il luy dit fort serieuse- «
ment, qu'il ne pouvoit plus «
supporter l'absence de son «
Cousin, qu'il étoit resolu de «
l'aller trouver ; qu'il y avoit «
déja deux ans qu'il étoit par- «
ty, sans témoigner aucun de- «
sir de revoir son Païs & ses «
amis : qu'il étoit persuadé «
qu'il auroit plus de déférence «
pour ses prieres que pour les «
siennes : qu'il la conjuroit de «

„ luy écrire : & qu'enfin, elle
„ pouvoit choisir, ou de luy don-
„ ner cette satisfaction, ou de se
„ resoudre à le voir partir pour
„ Naples, où Don Loüis devoit
„ faire quelque sejour. Elle de-
„ meura surprise & embarrassée
„ de cette proposition : mais
„ connoissant qu'il attendoit
„ avec une extrême inquietude
„ qu'elle se fut déterminée.
„ Que voulez-vous que je luy
„ mande, Seigneur, luy dit-elle
„ d'un air triste ; dictez-moy
„ cette Lettre, je l'écriray ;
„ c'est tout ce que je puis,
„ & je croy même que c'est
„ plus que je ne dois. Le Mar-
„ quis transporté de joye l'em-
„ brassa tendrement ; il la re-
„ mercia de sa complaisance,
„ & luy fit écrire ces paroles de-
„ vant luy.

Si vous avez de l'amitié pour nous, ne differez pas vôtre retour, j'ay des raisons pressantes pour le souhaiter; je vous veux du mal, que vous songiez si peu à revenir; & c'est payer les sentimens que l'on a pour vous, d'une indifference qui n'est pas ordinaire. Revenez, Don Loüis, je le souhaite, je vous en prie; & s'il m'étoit permis de me servir de termes plus pressans, je dirois peut-être que je vous l'ordonne.

Le Marquis fit un paquet seul de cette fatale Lettre, afin que Don Loüis ne pût croire que c'étoit par son ordre que la Marquise la luy avoit écrite; & l'ayant envoyé au Courrier, il en attendoit le succez avec une impatience qui n'est pas concevable. Que devint

„ cét Amant à la vûë d'un ordre
„ si cher & si peu esperé. Bien
„ qu'il eut remarqué des dispo-
„ sitions de tendresse dans les
„ regards de cette belle person-
„ ne, il n'auroit osé se promet-
„ tre qu'elle eut souhaité son re-
„ tour, sa raison se revoltoit
„ contre sa joye. Que je suis
„ mal-heureux, disoit-il, j'a-
„ dore la plus aimable de toutes
„ les femmes, & je n'ose luy
„ vouloir plaire ; elle a de la
„ bonté pour moy, l'honneur &
„ l'amitié me défendent d'en
„ profiter. Que feray-je donc,
„ ô Ciel ! que feray-je ; je m'é-
„ tois flaté que l'absence me
„ pourroit guérir ; helas ! c'est
„ un remede que j'ay tenté inu-
„ tilement, je n'ay jamais jetté
„ les yeux sur son Portrait ; que
„ je ne me sois trouvé plus

amoureux & plus miserable «
que lorsque je la voyois tous «
les jours. Il faut luy obeïr : elle «
ordonne mon retour, elle veut «
bien me revoir, & elle ne peut «
ignorer ma passion : Lorsque «
je pris congé d'elle, mes yeux «
luy declarerent le secret de «
mon cœur ; & quand je me «
souviens de ce que je suis dans «
les siens, en ce moment toutes «
mes reflexions deviennent «
inutiles, & je me resous plûtôt «
à mourir à ses pieds que de vi- «
vre éloigné d'elle. «

Il partit sans differer d'un «
seul jour, & sans dire adieu à «
ses amis : il laissa un Gentil- «
homme pour l'excuser auprés «
d'eux, & pour regler ses affai- «
res. Il avoit tant d'empresse- «
ment de revoir la Marquise, «
qu'il fit pour se rendre auprés «

„ d'elle une diligence que per-
„ sonne que luy n'auroit pû fai-
„ re. En arrivant à Cagliari,
„ Capitale de la Sardagne, il ap-
„ prit que le Marquis & sa fem-
„ me étoient à une magnifique
„ Maison de Campagne, où le
„ Viceroy les étoit allez voir
„ avec toute sa Cour. Il sçeut
„ encore que le Marquis de
„ Barbaran luy preparoit une
„ grande Fête, où il se devoit
„ faire une Course de Cañas à
„ l'ancienne maniere des Mau-
„ res. Il étoit le tenant, & de-
„ voit soûtenir avec sa Quadril-
„ le, *Qu'un Mary aimé est plus*
„ *heureux qu'un Amant.*
„ Bien des gens qui n'étoient
„ pas de cette opinion, se pre-
„ paroient pour luy aller dispu-
„ ter le prix que la Marquise à
„ la priere de la Vice-Reine,

devoit donner au Victorieux : «
c'étoit une Echarpe qu'elle «
avoit brodée elle-même, & «
semée de ses chifres : l'on ne «
devoit y paroître qu'en Habit «
de Masque, pour que tout y «
fut plus libre & plus galant. «

Don Loüis eut un secret dé- «
pit, de comprendre le Marquis «
si satisfait. Il est aimé, disoit- «
il ; je ne puis m'empêcher de le «
regarder comme un Rival, & «
comme un Rival heureux ; «
mais il faut essayer de troubler «
sa felicité, en triomphant de «
sa vaine gloire. Ayant formé «
ce dessein, il ne voulut point «
paroître dans la Ville ; il se fit «
faire un Habit d'un Brocard «
vert & or ; il avoit des Plumes «
vertes, & toute sa Livrée étoit «
de la même couleur pour mar- «
quer ses nouvelles esperances. «

„ Lorsqu'il entra dans la Lice
„ où l'on devoit courre, tout le
„ monde attacha les yeux sur
„ luy ; sa magnificence & son air
„ donnerent de l'émulation aux
„ Cavaliers, & beaucoup de cu-
„ riosité aux Dames. La Mar-
„ quise en sentit une émotion
„ secrette, dont elle ne pût dé-
„ mêler la cause : il étoit placé
„ fort proche du Balcon où elle
„ étoit avec la Vice-Reine, mais
„ il n'y avoit là aucune Dame
„ qui ne perdit tout son éclat
„ auprés de celuy de la Marqui-
„ se ; son air de jeunesse qui ne
„ passoit pas encore dix-huit
„ ans, son tein de lys & de roses,
„ ses yeux si beaux & si tou-
„ chans, sa bouche incarnate &
„ petite, un sourire agreable, &
„ sa taille qui commençoit à pas-
„ ser les plus avantageuses, la
rendoient

rendoient l'admiration de tout «
le monde. «

Don Loüis fut tellement ra- «
vy de la revoir si belle, & de «
remarquer à travers de ses «
charmes un air triste & abbatu, «
qu'il se flata d'y avoir quelque «
part ; & ce fut le premier mo- «
ment où il se trouva heureux, «
quand son tour vint. Il courut «
contre le Marquis, & luy lan- «
ça ses Cannes avec tant d'a- «
dresse, qu'il n'y en eut aucu- «
nes qui manquât son coup. Il «
ne fut pas moins habile à se pa- «
rer de celles qu'il luy jetta ; & «
enfin il gagna le Prix avec un «
applaudissement general. Il se «
rendit aux pieds de la Marqui- «
se pour le recevoir de ses «
mains ; il deguisa le son de sa «
voix ; & luy parlant avec son «
Masque assez bas pour n'être «

Tome I. K

„ entendu que d'elle. Divine
„ Personne, luy dit-il, veüillez
„ remarquer ce que la Fortune
„ decide en faveur des Amans.
„ Il n'osa luy en dire davantage;
„ & sans le connoître, elle luy
„ donna le Prix avec cette grace
„ naturelle, dont toutes ses ac-
„ tions étoient accompagnées.

„ Il se retira promptement, de
„ peur d'être connu : car sçau-
„ roit été un sujet de querelle
„ entre le Marquis & luy ; &
„ sans doute il ne luy auroit par-
„ donné qu'avec peine la Vic-
„ toire qu'il venoit de rempor-
„ ter. Cela l'obligea de se tenir
„ encore caché pendant quel-
„ ques jours. Le Vice Roy & sa
„ femme revinrent à Cagliari ;
„ & Monsieur & Madame de
„ Barbaran les y accompagne-
„ rent, avec toute la Cour.

Don Loüis se fit voir alors, " il feignit d'arriver, & ne fit " pas même semblant d'avoir " appris ce qui s'étoit passé à la " Campagne. Le Marquis de " Barbaran fut transporté de " joye en le voyant; & l'absence " n'avoit en rien alteré la ten- " dresse qu'il avoit pour se cher " parent. Il ne luy fut pas mal- " aisé de se ménager un moment " favorable pour entretenir son " aimable Marquise; il avoit au- " tant de liberté dans sa Maison " que dans la sienne propre; & " vous jugez bien, Madame, qu'. " il n'oublia pas de luy parler du " Prix qu'il avoit receu de ses " belles mains. Que je suis mal- " heureux, luy disoit-il, que " vous ne m'ayez pas reconnu. " Helas! Madame, je me flatois " que quelques secrets pressen- "

„ timens vous apprendroient
„ qu'un autre que moy ne pou-
„ voit soutenir avec tant de paf-
„ sion la cause des Amans con-
„ tre les Marys. Non, Seigneur,
„ luy dit-elle d'un air assez fier,
„ pour ne luy laisser aucune es-
„ perance ; je ne voulois pas de-
„ viner que vous fussiez Parti-
„ san d'une si mauvaise Cause ;
„ & je n'aurois pas crû que vous
„ eussiez pris des engagemens si
„ forts à Naples, que vous fus-
„ siez venu jusqu'en Sardagne
„ triompher d'un Amy qui soû-
„ tenoit mes interêts aussi bien
„ que les siens. Je mourois de
„ douleur, Madame, interrom-
„ pit Don Loüis, si je vous avois
„ déplû dans ce que j'ai fait ; &
„ si vous aviez des dispositions
„ un peu plus favorables, & que
„ j'osasse vous prendre pour ma

Confidente, il ne me seroit pas « difficile de vous persuader que « ce n'est point à Naples que j'ai « laissé l'Objet de mes Vœux. « Comme la Marquise appre- « henda qu'il ne luy en dit plus « qu'elle n'en vouloit entendre, « & qu'il luy paroissoit vivement « touché du reproche qu'elle luy « avoit fait, elle prit un air plus « enjoüé; & tournant la conver- « sation sur un ton de raillerie, « elle luy répondit qu'il prenoit « trop serieusement ce qu'elle « luy avoit dit. Il n'osa profiter « de cette occasion pour luy de- « clarer son amour : s'il l'aimoit « plus que toutes choses au mon- « de, il ne la respectoit pas moins. «

Lorsqu'il l'eut quittée, il « commença de se reprocher sa « timidité. Eh quoy ! disoit-il « souffrirai-je toujours, sans «

„ chercher quelque soulage-
„ ment à mes peines. Il se passa
„ assez de tems, sans qu'il pût
„ rencontrer une occasion favo-
„ rable, parce que la Marquise
„ prenoit soin de l'éviter : Mais
„ étant venu un soir chez elle,
„ il la trouva seule dans son Ca
„ binet ; le Plafon en étoit tout
„ peint & doré ; il y avoit depuis
„ le haut jusqu'en bas de gran-
„ des Glaces jointes ensemble ;
„ un Lustre de cryStail & des
„ Girandolles de même étoient
„ remplies de bougies, qui ras-
„ semblant toutes leurs lumie-
„ res autour d'elle, la faisoient
„ paroître la plus belle personne
„ du monde. Elle étoit couchée
„ sur un Lit-d'ange le plus ga-
„ lant que l'on eut jamais vû ;
„ son dés-habillé étoit magni-
„ fique, & ses cheveux ratta-

chez de quelques nœuds de « Pierreries tomboient negli- « gemment sur sa gorge. Le « trouble qu'elle sentit en « voyant Don Loüis parut sur « son visage, & la rendit encore « plus belle. Il s'approcha d'un « air timide & respectueux ; il « se mit à genoux auprés d'elle, « il la regarda quelque tems sans « oser luy parler : mais devenant « un peu plus hardy. Si vous con- « siderez, Madame, luy dit-il, « l'état pitoyable où vous m'avez « reduit, vous comprendrez sans « peine qu'il n'est plus à mon « pouvoir de garder le silence ; « je n'ay pû parer des coups « aussi inévitables que sont les « vôtres ; je vous ay adorée dés « que je vous ay vûë ; j'ay essayé « de me guérir en vous fuïant : « je me suis arraché à moy-mê- «

„ me, en m'arrachant au plaisir d'être auprés de vous, ma passion n'en a pas eu moins de violence. Vous m'avez rapellé, Madame, de mon exil volontaire, & je meurs mille fois le jour incertain de ma destinée; Si vous êtes assez cruelle pour me refuser vôtre pitié; souffrez au moins qu'aprés vous avoir apris ma passion, je meure de douleur à vos pieds. La Marquise fut quelque tems sans se pouvoir resoudre de luy répondre. Enfin se rasseurant; Je vous l'avoüe, luy dit-elle, Don Loüis, j'ay déja connu une partie de vos sentimens: mais je voulois me persuader que c'étoit les effets d'une tendresse innocente; ne me rendez point complice de vôtre crime, vous en faites un

un, quand vous trahissez l'a-
mitié que vous devez à mon
Epoux : mais bon Dieu, vous
n'en serez que trop puny, je
sçay que le devoir vous défend de m'aimer : à mon égard
il ne me défend pas seulement
de vous aimer, il m'ordonne
de vous fuïr. Je le feray, Don
Loüis, je vous fuïray ; je ne
sçay même, si je ne devrois
point vous haïr : mais helas !
il me semble qu'il me seroit
impossible de le faire. Hé ! que
faites-vous donc, Madame,
interrompit-il d'un air plein
de douleur & de desespoir ;
que faites-vous, cruelle, quand
vous prononcez l'Arrest de
ma mort ? Vous ne pourriez
me haïr, dites-vous ; ne me
haïssez-vous pas ? & ne me faites-vous point tout le mal dont

,, vous êtes capable, lorsque
,, vous prenez la resolution de
,, me fuïr : achevez, Madame,
,, achevez, ne laissez pas vôtre
,, vengeance imparfaite ; sacri-
,, fiez-moy à vôtre devoir & à
,, vôtre Epoux, aussi bien la vie
,, m'est odieuse si vous m'ôtez
,, l'espoir de vous plaire. Elle le
,, regarda dans ce moment avec
,, des yeux pleins de langueur.
,, Don Loüis, luy dit-elle, vous
,, me faites des reproches que
,, je voudrois bien meriter. En
,, achevant ces mots, elle se le-
,, va, elle craignoit trop que sa
,, tendresse ne triomphât de sa
,, raison ; & mal-gré l'effort qu'il
,, fit pour la retenir, elle passa
,, dans sa Chambre où toutes ses
,, Femmes étoient.

,, Elle crût avoir beaucoup
,, gagné sur elle, d'être sortie

de cette Conversation, sans
répondre aussi favorablement
que son cœur l'auroit souhaité : mais l'Amour est un Seducteur, qu'il ne faut point
du tout écouter si l'on veut
s'en défendre. Depuis ce jour,
Don Loüis commença de se
croire heureux, quoy qu'il
manquât beaucoup de choses
à sa parfaite felicité : la Marquise avoit en effet un principe de vertu, qui s'opposoit
toujours avec succez aux desirs de son Amant.

Il n'avoit plus ces scrupules
d'amitié pour le Marquis de
Barbaran, qui avoient si fort
troublé son repos : l'Amour
avoit entierement banny l'amitié; il le haïssoit même en
secret.

Enfin, Don Loüis se flatant

„ que peut-être il pourroit
„ trouver un moment favorable
„ pour toucher le cœur de la
„ Marquise de quelque pitié, il
„ le cherchoit avec soin ; &
„ pour le trouver, un jour qu'il
„ faisoit excessivement chaud,
„ sçachant bien que la Mar-
„ quise avoit accoûtumé de se
„ retirer pour dormir l'aprés-
„ midy, comme c'est un usage
„ que chacun suit en ce Païs-là,
„ il vint chez elle, ne doutant
„ pas que tout le monde ne fut
„ endormy.
„ Elle étoit dans un Appar-
„ tement bas qui donnoit sur le
„ Jardin ; tout étoit fermé, &
„ ce ne fut qu'à la faveur d'un
„ faux jour qu'il vit sur son lit
„ cette charmante Personne ;
„ elle dormoit d'un profond
„ sommeil : elle étoit à demy

dés-habillée, & il eut le tems « de découvrir des beautez qui « augmenterent encore la force « de sa passion. Il s'approcha si « doucement d'elle, qu'elle ne « s'éveilla point; il y avoit déja « quelques momens qu'il la re- « gardoit avec tous les tranf- « ports d'un homme qui ne se « possede plus, lorsque voyant « sa gorge nuë, il ne pût s'em- « pêcher de luy faire un larcin « amoureux. Elle se réveilla en « sursaut, elle n'avoit pas en- « core les yeux bien ouverts; « la Chambre étoit sombre, & « elle n'auroit jamais pû croire « que Don Loüis eût été si te- « meraire. Je vous ay déja dit, « Madame, qu'il ressembloit « beaucoup au Marquis de Bar- « beran: elle ne douta donc « point que ce ne fut luy; & le «

„ nommant plusieurs fois mon
„ cher Marquis & mon cher
„ Epoux, elle l'embraſſa ten-
„ drement. Il connut bien ſon
„ erreur ; quelque plaiſir qu'el-
„ le luy procurât, il auroit ſou-
„ haité n'en être redevable
„ qu'aux bontez de ſa Maî-
„ treſſe : mais, ô Ciel ! quel
„ contre-tems ? Le Marquis
„ vint dans ce dangereux mo-
„ ment ; & ce ne fut pas ſans la
„ derniere fureur qu'il vit la
„ liberté que Don Loüis pre-
„ noit auprés de ſa femme. Au
„ bruit qu'il avoit fait en en-
„ trant, elle avoit tourné les
„ yeux vers la Porte ; & voyant
„ entrer ſon Mary qu'elle
„ croyoit auprés d'elle, l'on ne
„ peut rien ajoûter à ſa ſurpriſe
„ & à ſon affliction, de ſe trou-
„ ver entre les bras d'un autre.

Don Loüis desesperé de «
cette Avanture, se flata que «
peut-être il ne l'auroit pas re- «
connu, il passa promtement «
dans la Gallerie; & trouvant «
une fenêtre ouverte qui don- «
noit sur le Jardin, il s'y jetta, «
& sortit aussi-tôt par une Por- «
te de derriere. Le Marquis le «
poursuivit sans pouvoir le «
joindre: en revenant sur ses «
pas, il trouva mal-heureuse- «
ment le Portrait de la Mar- «
quise qui étoit tombé du bras «
de Don Loüis comme il cou- «
roit. Il fit sur le champ de très- «
cruelles reflexions; un tête à «
tête de Don Loüis & de sa «
femme à une heure où les «
Dames ne voyent personne; «
ce Portrait rattaché de ses «
cheveux qu'il venoit de laisser «
tomber; enfin avoir vû la «

„ Marquife l'embraffer, tout
„ cela enfemble luy donna lieu
„ de foupçonner fa vertu. Je
„ fuis trahy, s'écria-t-il, je fuis
„ trahy par tout ce que j'aimois
„ au monde; qui peut être fi
„ mal-heureux que moy? En
„ achevant ces mots, il rentra
„ dans la Chambre de fa fem-
„ me. Elle fe jetta d'abord à fes
„ pieds; & fondant en larmes
„ elle voulut fe juftifier, & luy
„ faire connoître fon innocen-
„ ce: mais le Demon de la Ja-
„ loufie le poffedoit à tel point,
„ qu'il la repouffa avec violen-
„ ce; il n'écouta plus que les
„ tranfports de fa rage & de
„ fon defefpoir; & détournant
„ fes yeux pour ne pas voir un
„ Objet fi aimable, & qu'il avoit
„ tant aimé, il eut la barbarie
„ d'enfoncer fon Poignard dans

le sein de la plus belle & de la «
plus vertueuse femme du «
monde: elle se laissa égorger «
comme une innocente Victi- «
me, & son ame sortit avec un «
ruisseau de sang. «

O Dieu! m'ecriay-je, trop «
imprudent Don Loüis, pour- «
quoy abandonniez-vous cette «
charmante Personne aux fu- «
reurs d'un Mary amoureux, «
emporté & jaloux? vous l'au- «
riez arrachée de ses cruelles «
mains. Helas! Madame, re- «
prit ce Gentil-homme, il sor- «
tit sans reflexion ; & s'il avoit «
pû prévoir un tel mal heur, «
que n'auroit-il pas fait? «

Aussi-tôt que l'infortunée «
Marquise eut rendu les der- «
niers soûpirs, son Boureau fer- «
ma son Appartement, prit tout «
ce qu'il avoit de pierreries, & «

„ d'argent, monta à cheval, &
„ s'enfuït avec une diligence
„ extrême. Don Loüis inquiet
„ & plus amoureux qu'il ne l'a-
„ voit jamais été, revint le soir
„ chez elle, au hazard de tout ce
„ qui pourroit luy en arriver. Il
„ fut surpris, quand on luy dit
„ qu'elle avoit toûjours dormy,
„ que sa Chambre étoit encore
„ fermée, & que le Marquis
„ étoit monté à Cheval. Un
„ pressentiment secret commen-
„ ça de luy faire tout craindre;
„ il fut vîte dans le Jardin, &
„ par la même fenêtre qu'il
„ avoit trouvée ouverte il entra
„ dans la Gallerie & de là dans
„ la Chambre: il y faisoit si som-
„ bre, qu'il marchoit à tâton.
„ Lorsqu'il sentit quelque cho-
„ se qui faillit à le faire tomber,
„ il se baissa, & connût bien que

c'étoit un corps mort. Il pouf- "
sa un grand cry; & ne doutant "
point que ce ne fut celuy de sa "
chere Maîtresse, il tomba pâ- "
mé de douleur; quelques-unes "
des Femmes de la Marquise "
se promenoient sous les fenê- "
tres de son Appartement, elles "
entendirent le cris de Don "
Loüis: elles monterent aisé- "
ment par la même fenêtre, & "
entrerent. Quel triste Specta- "
cle! Bon Dieu! peut-on se le "
figurer! l'Amante morte, l'A- "
mant prêt à mourir, je ne trou- "
ve point de parolles qui vous "
puissent bien exprimer l'état "
où il étoit. Il ne fut pas plûtôt "
revenu à soy par la force des "
remedes, que sa douleur, sa "
rage & son desespoir, éclate- "
rent avec tant de violence, que "
l'on croyoit qu'il n'y auroit ja- "

„ mais rien qui pût le consoler;
„ & je suis persuadé qu'il n'au-
„ roit pas survêcu à celle dont il
„ venoit de causer la perte, si le
„ desir de la vanger ne l'avoit
„ encore animé.

„ Il partit comme un furieux à
„ la quête du Marquis de Bar-
„ baran, il le cherchoit par tout
„ sans le pouvoir trouver. Il par-
„ courut l'Italie; il passa par l'Al-
„ lemagne; il revint en Flan-
„ dres; il se rendit en France.
„ On l'asseura que le Marquis
„ étoit à Valence en Espagne. Il
„ y fut, & ne l'y rencontra point.
„ Enfin trois ans s'étant écou-
„ lez sans qu'il pût trouver les
„ moyens de sacrifier son Enne-
„ my aux Manes de sa Maîtresse,
„ la Grace qui peut tout, & par-
„ ticulierement sur les grandes
„ Ames, toucha la sienne si effi-

cacement, que tout d'un coup «
il changea ses desirs de van- «
geance en des desirs serieux «
de faire son salut & de sortir «
du monde. «

Etant remply de cét Esprit, il «
retourna en Sardagne : il ven- «
dit tout son bien, qu'il distri- «
bua à quelques-uns de ses «
Amis, qui avec beaucoup de «
merite étoient fort pauvres ; & «
par ce moyen il se rendit si «
pauvre luy-même, qu'il vou- «
lut être reduit à demander «
l'aumône. «

Il avoit vû en allant autre- «
fois à Madrid, un lieu tout «
propre à faire un Hermitage «
(c'est vers le Mont Dragon) «
cette Montagne est presque «
inaccessible, & l'on n'y passe «
que par une ouverture qui est «
au milieu d'un grand Rocher. «

„ Elle se ferme lorsqu'il tombe
„ de la Neige, & l'Hermitage
„ est ensevely plus de six mois
„ dessous. Don Loüis en fit bâtir
„ un en ce lieu; il avoit accoû-
„ tumé d'y passer des années en-
„ tieres sans voir qui que ce soit.
„ Il y faisoit les Provisions ne-
„ cessaires; il a de bons Livres,
„ & il demeuroit seul dans cete
„ affreuse Solitude: mais cette
„ année on l'a forcé de venir icy,
„ à cause d'une grande maladie
„ dont il a pensé mourir. Il y a
„ déja quatre ans qu'il mene
„ une vie toute spirituelle, & si
„ differente de celle pour la-
„ quelle il étoit né, que ce n'est
„ même qu'avec peine qu'il voit
„ les personnes qui le connois-
„ sent.
„ A l'égard du Marquis de Bar-
„ baran, il a quitté pour jamais

l'Isle de Sardagne, où il n'a pas «
la liberté de retourner. J'ay ap-«
pris qu'il s'est remarié à An-«
vers à la veuve d'un Espagnol «
nommé Fonceca. «

Et c'est luy-même qui a ra-«
conté à un de mes Amis les par «
ticularitez de son crime; il en «
est si furieusement bourelé, «
qu'il croit toûjours voir sa «
femme mourante qui luy fait «
des reproches; & son imagina-«
tion en est si blessée, qu'il en a «
contracté une noire melanco-«
lie, dont on apprehende qu'il «
ne meure bien-tôt, ou qu'il ne «
perde tout à fait l'esprit. Ce «
Cavalier se tût en cét endroit,
& comme je n'avois pû m'empêcher de pleurer la fin tragique
d'une si aimable personne, Don
Fernand de Tolede qui l'avoit
remarqué, & qui n'avoit pas

voulu m'en parler, crainte d'interrompre le fil de l'Histoire, m'en fit la guerre. & me dit galamment, qu'il étoit ravy de me connoître sensible à la pitié, & que je pourrois n'être pas long-tems sans trouver des sujets dignes de l'exercer. Je m'arrêtay moins à luy repondre, qu'à remercier ce Gentil homme qui avoit bien voulu me raconter une Avanture si extraordinaire. Je le priay de faire mes complimens à Don Loüis, & de luy donner de ma part deux Pistolles, puisqu'il recevoit des aumônes. Don Fernand & chacun des Chevaliers en donnerent autant. Voila, nous dit ce Cavalier, dequoy enrichir les pauvres de Victoria ; car Don Loüis ne s'approprie pas des charitez si fortes. Nous dîmes qu'il qu'il en étoit le Maître, & qu'il en feroit tel ufage qu'il jugeroit à propos : mais pour revenir à mes Avantures.

Bien que j'aye un Paffeport du Roy d'Efpagne le mieux fpecifié & le plus general qu'il eft poffible, j'ay été obligée de prende un Billet de la Doüanne; car fans cette précaution, l'on auroit confifqué toutes mes Hardes. Dequoy me fert le Paffeport du Roy, leur ay-je dit. De rien du tout, ont-ils repliqué; les Commis & les Gardes des Doüannes ne daignent pas même jetter les yeux deffus; ils difent qu'il faut que le Roy vienne les affeurer que cet ordre vient de luy ; lorfque l'on manque à la formalité de prendre ce Billet, l'on vous confifque tout ce que vous avez ; il eft inutile de s'excuser sur ce qu'on est Etranger, & qu'on est mal informé des coûtumes du Païs. Ils repondent sechement, que l'ignorance de l'Etranger fait le profit de l'Espagnol. Le mauvais tems m'a retenuë encore deux jours icy, pendant lesquels j'ay vû la Gouvernante & la Comedie. La principale place de cette Ville est ornée d'une fort belle Fontaine qui est au milieu : elle est entourée de la Maison de Ville, de la Prison, de deux Convents, & de plusieurs Maisons assez bien bâties. Il y a la Ville neuve & la vieille ; tout le monde quitte cette derniere pour venir demeurer dans l'autre. On y trouve des Marchands fort riches, leur Commerce se fait à Saint Sebastien ou à Bilbao. Ils envoyent beaucoup de fer à Grenade, en Estremadoure, en Galice, & dans les autres parties du Royaume. Je remarquay que les grandes ruës sont bordées de beaux Arbres, & ces Arbres arrosez de ruisseaux d'eau vive. Du Mont S. Adrian icy il y a sept lieuës ; enfin je vais partir & finir cette longue Lettre ; il est tard, & je vous ay tant parlé de ce que j'ay vû, que je ne vous ay rien dit de ce que je sens pour vous. Croyez au moins, ma chere Cousine, que ce n'est pas manque d'avoir bien des choses à vous dire, vôtre cœur m'en sera caution, s'il est encore à mon égard ce que vous m'avez promis.

De Victoria, ce 24. Février 1679.

M ij

TROISIE'ME LETTRE.

MEs Lettres sont si longues, qu'il est difficile de croire lorsque je les finis, que j'aye encore quelque chose à vous dire; cependant, ma chere Cousine, je n'en ferme jamais aucune qu'il ne me reste toujours dequoy vous en écrire une autre. Quand je n'aurois à vous parler que de mon amitié, c'est un chapitre inépuisable : vous en jugerez aisément, par le plaisir que je trouve à faire ce que vous souhaitez. Vous avez voulu sçavoir toutes les particularitez de mon Voyage, je vais continuer de vous les raconter.

Je partis assez tard de Victoria, à cause que je m'étois arrêtée chez la Gouvernante dont je vous ai parlé, & nous fûmes coucher à Miranda. Le Païs est fort agreable jusqu'à Arigny. Nous arrivâmes ensuite par un chemin difficile au bord de la riviere d'Urola, dont le bruit est d'autant plus grand, qu'elle est remplie de gros Rochers sur lesquels l'eau frape, bondit, retombe, & forme des Cascades naturelles en plusieurs endroits. Nous continuâmes de monter les hautes Montagnes des Pyrennées, où nous courûmes mille dangers differens. Nous y vîmes les restes antiques d'un vieux Château, où l'on ne fait pas moins revenir de Lutins qu'à celuy de Guebare, il est proche de Gargançon; & comme il nous y fallut arrêter pour montrer mon Passeport, parce que l'on paye là les Droits du Roy, j'appris de Kalcalde du Bourg qui s'approcha de ma Littiere pour lier conversation avec moy, que l'on disoit dans le Païs qu'il y avoit autrefois un Roy & une Reine qui avoient pour fille une Princesse si belle & si charmante, qu'on la prenoit plûtôt pour une Divinité que pour une simple Mortelle. On l'appelloit Mira, & c'est de son nom qu'est venu le *Mira* des Espagnols, qui veut dire *Regarde*; parce qu'aussi-tôt qu'on la voyoit, tout le monde attentif s'écrioit, *Mira, Mira*; voila l'étimologie d'un mot tirée d'assez loin. On ne voyoit point cette Princesse, sans en devenir éperduëment amoureux : mais sa fierté & son indifference faisoit mourir tous ses

Amans. Le Basilic n'avoit jamais tant tué de monde que la belle & trop dangereuse Mira; elle depeupla ainsi le Royaume de son Pere, & toutes les Contrées d'alentour; ce n'étoit que Morts & que Mourans. Aprés s'être addressé inutilement à elle, on s'addressoit au Ciel pour demander justice de sa rigueur. Les Dieux s'irriterent enfin, & les Déesses ne furent pas les dernieres à se fâcher: de sorte que pour la punir, les fleaux du Ciel acheverét de ravager le Royaume de son Pere. Dans cette affliction generalle, il consulta l'Oracle, qui luy dit que tant de mal-heurs ne cesseroient point, jusqu'à ce que Mira eut expié les maux que ses yeux avoient faits, & qu'il falloit qu'elle partit; que les Destins la conduiroient dans le lieu fatal où elle devoit perdre son repos & sa liberté. La Princesse obeït, croyant qu'il étoit impossible qu'elle fut touchée de tendresse. Elle ne mena avec elle que sa Nourrice; elle étoit vêtuë en simple Bergere, de peur qu'on ne la remarquât, soit par Mer soit par Terre. Elle parcourut les deux tiers du monde, faisant chaque jour trois ou quatre douzaines d'homicides: car sa beauté n'étoit point diminuée par les fatigues du Voyage. Elle arriva proche de ce vieux Château qui étoit à un jeune Comte appellé *Nios*, doüé de mille perfections, mais le plus farouche de tous les hommes. Il passoit sa vie dans les Bois dés qu'il appercevoit une femme: il la fuïoit; & de toutes les choses qu'il voyoit

voyoit sur la terre, c'étoit celle qu'il haïssoit davantage. La belle Mira se reposoit un jour au pied de quelques Arbres, lorsque Nios vint à passer vêtu de la peau d'un Lion, un Arc à sa ceinture & une Massuë sur l'épaule: il avoit ses cheveux tous mélez, & il étoit barboüillé comme un Charbonnier (cette circonstance est du conte) la Princesse ne laissa pas de le trouver le plus beau & le plus charmant des hommes. Elle courut aprés luy comme une folle; il s'enfuit comme un fou. Elle le perdit de vûë; elle ne sçeut où le trouver; la voila au desespoir, pleurant jour & nuit avec sa Nourrice. Nios revint à la Chasse; elle le vit encore, elle voulut le suivre: dés qu'il l'eut apperçûë, il fit comme la premiere fois, & Mira de pleurer amerement : mais sa passion luy donnant des forces, elle courut mieux que luy ; elle l'arrêta par ses longs cheveux ; & elle le pria de la regarder ; elle croyoit que cela suffisoit pour le toucher. Il jetta les yeux sur elle avec autant d'indifference que si elle eut été de bois. Jamais Fille n'a été plus surprise ; elle ne voulut point le quitter ; elle vint malgré luy à son Château. Dés qu'elle y fut entrée, il l'y laissa, & ne parut plus. La pauvre Mira inconsolable, mourut de douleur, & depuis l'on dit que l'on entend de longs gemissemens qui sortent du Château de Nios. Les jeunes Filles de la Contrée y alloient, & luy portoient de petits presens de fruits, de lait, & d'œufs, qu'elles posoient à la porte d'une Cave où personne ne veut entrer. Elles disoient que c'étoit pour la consoler: mais cette coûtume a été abolie comme une superstition: & bien que je n'aye rien crû de tout ce que l'on me dit à Gargançon de Mira & de Nios, je ne laissay pas de prendre plaisir au recit de ce conte, dont j'ômets mille particularitez, dans la crainte de vous ennuyer par sa longueur. Ma Fille étoit si aise, qu'il ne tint pas à elle que nous ne retournassions sur nos pas, pour mettre à la porte de la Cave quelques Perdrix rouges, que mes gens venoient d'acheter. Elle comprenoit que les Manes de la Princesse seroient fort consolées de recevoir ce témoignage de nôtre bonne volonté, mais pour moy je compris, que je serois plus contente qu'elle, d'avoir ces Perdrix à mon souper. Nous passâmes la Riviere d'Urola sur un grand Pont de pierre; & après en avoir traversé un autre à gué assez difficilement, à cause des Neiges fonduës, nous arrivâmes à Miranda d'Ebro. C'est un gros Bourg, ou une fort petite Ville. Il y a une grande Place ornée de Fontaines. La Riviere d'Ebro, qui est une des plus considerables de l'Espagne, la traverse : l'on voit sur le haut d'une Montagne le Château avec plusieurs Tours. Il paroît de quelque défense, & il sort une si grosse Fontaine d'un Rocher sur lequel il est bâty, que dés sa Source elle fait moudre des Moulins. Du reste je n'y remarquay rien qui merite de vous être écrit. Les trois Chevaliers dont je vous ay déja parlé, étoient arrivez avant moy, & ils avoient donné tous les ordres necessaires pour le souper, ainsi nous mangeâmes ensemble; & bien que la nuit parut assez avancée, parce que les jours sont courts en cette Saison, il n'étoit pas tard. De sorte que ces Messieurs qui ont beaucoup d'honnêteté & de complaisance pour moy, me demanderent ce que je voulois faire. Je leur proposay de joüer à l'Ombre, & que je me mettrois de moitié avec Don Fernand de Tolede. Ils accepterent la partie. Don Frederic de Cardone dit, qu'il aimoit mieux m'entretenir que de joüer. Ainsi les trois autres commencerent, & je m'arrêtay quelque tems à les voir avec beaucoup de plaisir: car leurs manieres sont tout-à fait differentes des nôtres. Ils ne prononcent jamais un mot: je ne dis pas pour se plaindre, (cela seroit indigne de la gravité Espagnole) mais je dis pour demander un *gano*, pour couper de plus haut, ou pour faire entendre que l'on peut prendre quelqu'autre avantage. Enfin, il semble de Statuë, qui agissent par le moyen d'un ressort, & il est vray qu'ils se reprocheroient à eux-mêmes le moindre geste.

Aprés les avoir examinez, je passay vers le Brasier, & Don Frederic s'y plaça auprés de moy: Il me demanda en quel état étoient les affaires lorsque j'étois partie de Paris; qu'il m'avoüoit que les grandes Qualitez du Roy de France, faisoient bien souvent le sujet de ses plus agréables reflexions; qu'il avoit eu l'honneur de le voir, que son idée luy étoit toûjours presente, & que depuis ce tems-là il en avoit parlé comme d'un Monarque digne de l'amour de ses Sujets, & de la veneration de tout le Monde. Je luy repliquay que les sentimens qu'il avoit pour le Roy, me confirmoient la bonne opinion que j'avois déja de son esprit & de ses lumieres, qu'il étoit certain que nos Ennemis & les Etrangers ne pouvoient sans admiration entendre parler des grandes Actions de ce Monarque, de sa Conduite, de sa Bonté pour ses Peuples, & de sa Clemence. Que quelque tems avant mon depart, on avoit reçû les nouvelles de la ratification de la Paix avec la Hollande; qu'il sçavoit assez combien la Guerre qui avoit commencé en 1672. avoit interessé de Princes; que les Hollandois mieux conseillés que les autres avoient fait leur Paix, & que le Traité qui venoit d'être conclu à Nimegue, étoit sçû de toute l'Europe, & luy rendoit la tranquilité qu'elle avoit perduë.

J'ajoûtay à cela, que le Roy venoit de reduire ses Compagnies de Cavalerie à trente-sept Maîtres, & celles de Dragons à quarante-cinq ; que cette reforme alloit à quatre mille Chevaux, & que celle qu'il avoit encore faite de quinze Soldats par Compagnie d'Infanterie, montoit à quarante-cinq mille Hommes. Qu'il avoit aussi retranché dix Hommes par chaque Compagnie de Cavalerie, ce qui alloit à douze mille Chevaux: que tout cela faisoit voir ses dispositions pour entretenir les Traitez de bonne foy.

Il me répondit que le Roy son Maître n'y étoit pas moins disposé: qu'il l'en avoit entendu parler plusieurs fois, & qu'il y avoit peu qu'il l'avoit quitté. Qu'il s'étoit rendu auprés de luy, parce qu'il avoit été député par la Principauté de Catalogne avec ceux du Royaume de Valence, pour le supplier de faire sortir de leur Païs les Troupes qui y sont en Quartier d'Hyver. Que bien loin de l'obtenir, ils s'estimoient heureux qu'on ne leur eût pas donné quelques-unes de celles qui étoient venuës de Naples & de Sicile; qu'ils avoient paré le coup avec bien de la peine;

qu'on les avoit envoyées sur les Frontieres de Portugal, & dans les Royaumes de Galice & de Leon. Mais, continua-t-il, si on nous avoit secondés, ce ne seroit pas à present au Roy d'Espagne que nous nous adresserions pour être soulagez. Les Peuples de Catalogne accablez de l'oppression, & de la violence inoüie des Castillans, chercherent en 1640. les moyens de s'en affranchir. Ils se mirent sous la Protection du Roy Tres-Chrétien, & pendant l'espace de douze ans ils s'y trouverent fort heureux. Les Guerres Civiles qui troublerent le repos dont la France joüissoit alors, luy ôterent les moyens de nous secourir contre le Roy d'Espagne. Il sçeut bien profiter de la conjoncture, & il remit Barcelone, avec la plus grande partie de cette Principauté, sous son obeïssance, Je luy demanday, s'il retourneroit bien-tôt en ce païs-là; il me dit que la Duchesse de Medina Celi sa proche parente, venoit de gagner un grand Procés contre la Duchesse de Frias sa belle-Mere, Femme du Connêtable de Castille; qu'il s'agissoit du Duché de Segorue dans le Royaume de Valence, & du Duché de Cardone dans la Principauté de Catalogne. Que Madame de Medina-Celi pretendoit ces deux Terres, comme Fille aînée & heritiere du Duc de Cardone. Que la Duchesse de Frias l'ayant epousé en premieres Nôces, en étoit en possession par le Testament de son Mary, qui luy en avoit laissé la joüissance sa vie durant; mais qu'enfin Madame de Frias avoit été condamnée à rendre les Terres à la Duchesse de Medina-Celi, avec les jouissances de neuf ans, qui montoient à quarante mille Ecus par an. Qu'elle vouloit l'engager d'aller en son nom prendre possession du Duché de Cardone, & qu'il ne pensoit pas qu'il pût la refuser.

Il me dit ensuite qu'il y avoit deux choses assez singulieres dans ce Duché, dont l'une est une Montagne de Sel, en partie blanche comme la Neige, & l'autre plus claire & plus transparente que du Cristal; qu'il y en a de Bleu, de Vert, de Violet, d'Incarnat, d'Orangé, & de mille couleurs differentes, qui ne laisse pas de perdre sa teinture, & de devenir tout blanc quand on le lave; Il s'y forme & y croît continuellement; & bien qu'il soit salé, & que d'ordinaire les endroits où l'on trouve le Sel soient si sterilles, que l'on n'y voit pas même de l'Herbe, il y a dans ce lieu-là des Pins d'une grande hauteur, & des Vignobles excellens. Lorsque le Soleil darde ses rayons sur cette Montagne, il semble qu'elle soit composée des plus belles Pierreries du Monde; & le meilleur, c'est qu'elle est d'un revenu fort considerable.

L'autre particularité dont il me parla, c'est d'une Fontaine dont l'Eau est tres-bonne, & la couleur pareille à du Vin clairet. On ne m'a rien dit de celle-là, interrompis-je; mais un de mes Parens qui a été en Catalogne m'a assurée qu'il y en a une prés de Balut, dont l'Eau est de sa couleur naturelle, & cependant tout ce que l'on y met paroît comme de l'Or. Je l'ay vûë, Madame, continua Don Frederic, & je me souviens qu'un Homme fort avare & encore plus fou, y alloit tous les jours jetter son Argent, parce qu'il croyoit qu'il se changeroit en Or; mais il se ruïnoit, bien loin de s'enrichir : Car quelques Païsans plus fins & plus habilles que luy, ayant apperçu ce qu'il faisoit, attendoient un peu plus bas, & le coulant de l'eau leur conduisoit cet Argent. Si vous retourniez en France par la Catalogne, ajoûta-t-il, vous verriez cette Fontaine. Ce ne seroit pas elle qui pourroit m'y attirer, luy dis-je, mais l'envie de passer par le Montferrat me feroit faire un plus long voyage. Il est situé, dit-il, proche de Barcelone, & c'est un lieu d'une grande devotion: Il semble que le Rocher est cié par la moitié; l'Eglise est au plus haut, petite & obscure a la clarté de quatre-vingt-dix Lampes d'argent. L'on apperçoit l'Image de la Vierge qui est fort brune, & que l'on tient pour miraculeuse. L'Autel a coûté trente mille Ecus à Philippe Second, & l'on y voit chaque jour des Pelerins de toutes les Parties du Monde. Ce saint Lieu est remply de plusieurs Hermitages, habitez par des Solitaires d'une grande pieté. Ce sont pour la plûpart des personnes de Naissance, qui n'ont quitté le Monde qu'aprés l'avoir bien connu, & qui paroissent charmez des douceurs de leur Retraite, bien que le séjour en soit affreux, & qu'il eut été impossible d'y aborder si l'on n'avoit pas taillé un chemin dans les Rochers. On ne laisse pas d'y trouver plusieurs beautez, une vûë admirable, des sources de Fontaines, des Jardins tres-propres cultivez de la main de ces bons Religieux, & par tout un certain air de solitude & de devotion qui touche ceux qui s'y rendent. Nous avons encore une autre Devotion fort renommée, ajoûta-t-il : C'est *Nuestra Señora del Pilar*. Elle est à Saragosse dans une Chapelle sur un Pilier de Marbre, où elle tient le petit Jesus entre ses bras. L'on pretend que la Vierge apparût sur ce même

même Pilier à S. Jacques, & l'on en revere l'Image avec beaucoup de respect. On ne peut la remarquer fort bien, parce qu'elle est élevée & dans un lieu si obscur, que sans les flambeaux qui l'éclairent, on ne s'y verroit pas. Il y a toûjours plus de cinquante Lampes allumées; l'Or & les Pierreries y brillent de tous côtez, & les Pelerins y viennent en foule. Mais, continua-t-il, je puis dire sans prévention pour Saragosse, que c'est une des plus belles Villes qu'on puisse voir. Elle est située le long de l'Ebre, dans une vaste Campagne. Elle est ornée de grands Bâtimens, de riches Eglises, d'un Pont magnifique, de belles Places, & des plus jolies Femmes du Monde, agréables, vives, qui aiment la Nation Françoise, & qui n'oublieroient rien pour vous obliger à dire du bien d'elles, si vous y passiez. Je luy dis que j'en avois déja entendu parler d'une maniere tres-avantageuse. Mais, continuay-je, ce Païs est fort sterile, & les Soldats n'y subsistent qu'avec beaucoup de peine. En effet, repliqua-t-il, soit que l'Air n'y soit pas sain, ou qu'il leur manque quelque chose, les Flamands & les Allemands n'y peuvent vivre; & s'ils n'y meurent pas tous, ils tâchent de trouver les moyens de deserter. Les Espagnols & les Napolitains sont encore plus portez qu'eux à cet esprit de desertion. Ces derniers passent par la France, & retournent en leur Païs; les autres côtoïent les Pyrenées le long du Languedoc,

& rentrent dans la Castille par la Navarre ou par la Biscaye. C'est une Route que les vieux Soldats ne manquent guéres de tenir; pour les nouveaux, ils perissent dans la Catalogne, parce qu'ils n'y sont pas accoûtumez, & l'on peut assurer qu'il n'y a point de lieu où la Guerre embarasse tant le Roy d'Espagne qu'en celuy-là. Il ne l'y soûtient qu'avec beaucoup de dépense, & les avantages que les Ennemis y remportent sur luy, ne peuvent être petits. Je sçay aussi que l'on est plus sensible à Madrid sur la moindre perte qui se fait en Catalogne, qu'on ne le seroit sur la plus grande qui se feroit en Flandres, à Milan, ou ailleurs. Mais à present, continua-t-il, nous allons être plus tranquilles que nous ne l'avons été, & l'on espere à la Cour, que la Paix sera de durée, parce qu'on y parle fort d'un Mariage qui feroit une nouvelle Aliance : & comme le Marquis de Los Balbazes, Plenipotentiaire à Nimégue, a reçû ordre de se rendre promptement auprés du Roy Tres-Chrétien, pour demander Mademoiselle d'Orleans, l'on ne doute point que le Mariage ne se fasse, & l'on pense déja aux Charges de sa Maison ; il est vray que l'on est surpris que Don Juan d'Austriche consente à ce Mariage. Vous me feriez un plaisir singulier, dis-je en l'interrompant, de m'apprendre quelques particularitez de ce Prince ; il est naturel d'avoir de la curiosité pour les personnes de son caractere ; & quand on se trouve dans une Cour où l'on n'a jamais été, pour n'y paroître pas trop neuve, on a besoin d'être un peu instruite. Il me témoigna que ce seroit avec plaisir qu'il me diroit les choses qui étoient venuës à sa connoissance, & il commença ainsi.

Vous ne serez peut-être pas fâchée, Madame, que je prenne les choses dés leur source, & que je vous dise que ce Prince étoit Fils d'une des plus belles Filles qui fût en Espagne, nommée Maria Calderona. Elle étoit Comedienne, & le Duc de Medina de las Torrés en devint éperduëment amoureux. Ce Cavalier avoit tant d'avantage au dessus de tous les autres, que la Calderona ne l'aima pas moins qu'elle en étoit aimée. Dans la force de cette intrigue, Philippe

Quatre la vit, & la préfera à une Fille de qualité qui étoit à la Reine, & qui demeura si piquée du changement du Roy, qu'elle aimoit de bonne foy, & dont elle avoit eu un Fils, qu'elle se retira *à las del Calsas Reales*, où elle prit l'Habit de Religieuse. Pour la Calderone, comme son inclination se tournoit toute du côté du Duc de Medina, elle ne voulut point écouter le Roy, qu'elle ne sçeut auparavant si le Duc y consentiroit. Elle luy en parla, & luy offrit de se retirer secrettement en quel lieu il voudroit; mais le Duc craignit d'encourir la disgrace du Roy, & il luy répondit, qu'il étoit resolu de ceder à Sa Majesté un bien qu'il n'étoit pas en état de luy disputer. Elle luy en fit mille reproches; elle l'appella traître à son amour, ingrat pour sa Maîtresse, & elle luy dit encore, que s'il étoit assez heureux pour disposer de son cœur comme il le vouloit, elle n'étoit pas dans les nêmes circonstances, & qu'il falloit absolument qu'il continuât de la voir, ou qu'il se preparât à la voir mourir de désespoir. Le Duc touché d'une si grande passion, luy promit de feindre un voyage en Andalousie, & de rester chez elle caché dans un Cabinet. Effectivement il partit de la Cour, & fut ensuite s'enfermer chez elle comme il en étoit convenu, quelque risque qu'il y eut à courre par une conduite si imprudente. Le Roy cependant en étoit fort amoureux & fort satisfait. Elle eut dans ce tems-là Don Juan d'Austriche, & la ressemblance qu'il avoit avec le Duc de Medina de las Torrés, a persuadé qu'il pouvoit être son Fils : mais bien que le Roy eut d'autres enfans, & particulierement l'Evêque de Malaga, la bonne Fortune decida en sa faveur, & il a été le seul reconnu.

Les Partisans de Don Juan disent, que c'étoit par la raison de l'échange qui avoit été faite du Fils de Calderona avec le Fils de la Reine Elizabeth; & voicy comme ils établissent cét échange, qui est un conte fait exprés pour imposer aux Peuples, & qui je croy n'a aucun fondement de verité. Ils pretendent que le Roy étant éperduëment amoureux de cette Comedienne, elle devint grosse en même tems que la Reine ; & voyant que

que la passion du Monarque étoit si forte qu'elle en pouvoit tout esperer ; elle fit si bien qu'elle l'engagea de luy promettre, que si la Reine avoit un Fils, & qu'elle en eut un aussi, il mettroit le sien à la place. Que risquerez-vous, luy disoit-elle, Sire, ne sera-ce pas toûjours vôtre Fils qui regnera, avec cette difference, que m'aimant comme vous me le dites, vous l'en aimerez aussi davantage. Elle avoit de l'esprit, & le Roy avoit beaucoup de foiblesse pour elle. Il consentit à ce qu'elle vouloit, & en effet l'affaire fut conduite avec tant d'adresse, que la Reine étant accouchée d'un Fils, & Calderona d'un autre, l'échange s'en fit; celuy qui devoit regner, & qui portoit le nom de Baltazar, mourut à l'âge de quatorze ans. L'on dit au Roy que c'étoit de s'être trop échauffé en joüant à la Paume; mais la verité est, que l'on laissoit conduire ce Prince par de jeunes Libertins, qui luy procuroient de fort méchantes Fortunes. On pretend même que Don Pedro d'Arragon son Gouverneur, & Premier Gentilhomme de sa Chambre, y contribua plus qu'aucun autre, luy laissant la liberté de faire venir dans son Appartement une Fille qu'il aimoit. Aprés cette visite, il fut pris d'une violente fiévre, il n'en dit point le sujet. Les Medecins qui l'ignoroient, crurent le soulager par de frequentes saignées, qui acheverent de luy ôter le peu de forces qui luy restoit, & par ce moyen ils avancerent la fin de sa vie. Le

Roy sçachant, mais trop tard, ce qui s'étoit passé, exila Don Pedro pour n'avoir pas empêché cet excés, ou pour ne l'avoir pas découvert assez tôt.

Cependant Don Jean d'Austriche qui étoit élevé comme Fils naturel, ne changea point d'état, bien que cela eût dû être, si effectivement il avoit eté Fils legitime. Malgré cela, ses Creatures soutiennent qu'il ressemble si parfaitement à la Reine Elizabeth, que c'est son Portrait; & cette opinion ne laisse pas de faire impression dans l'Esprit du Peuple, qui court volontiers aprés les nouveautez, & qui aimoit cette grande Reine si passionnément, qu'il la regrette encore comme si elle ne venoit que de mourir; tres souvent même l'on prononce son Panegyrique, sans autre engagement que celuy de la veneration que l'on conserve pour sa memoire. Il est vray que si Don Juan d'Austriche avoit voulu profiter des favorables dispositions du Peuple, il a trouvé bien des tems propres à pousser sa Fortune fort loin. Mais son unique but est de servir le Roy, & de tenir ses Sujets dans les sentimens de fidelité qu'ils doivent.

Pour en revenir à la Calderona, le Roy surprit un jour le Duc de Medina de las Torres avec elle, & dans l'excés de sa colere, il courut à luy son Poignard à la main. Il alloit le tuër, lorsque cette Fille se mit entre deux, luy disant, qu'il pouvoit la frapper, s'il vouloit. Comme il avoit la derniere foiblesse pour elle, il ne pût s'empêcher de luy pardonner, & il se contenta d'exiler son Amant. Mais ayant appris qu'elle continuoit de l'aimer, & de luy écrire, il ne songea plus qu'à faire une nouvelle passion. Quand il en eût une assez forte, pour n'apprehender point les charmes de la Calderona, il luy fit dire de se retirer dans un Monastere, ainsi que c'est la coûtume lorsque le Roy quitte sa Maîtresse. Celle-cy ne differa point, elle écrivit une Lettre au Duc pour luy dire adieu ; & elle reçut le Voile de Religieuse de la Main du Nonce Apostolique, qui fut depuis Innocent Dix. Il y a beaucoup d'apparence que le Roy ne crût pas que Don Juan fût à un autre qu'à luy, puisqu'il l'aima cherement. Une chose qui vous paroîtra assez singuliere; c'est qu'un Roy d'Espagne ayant des Fils naturels qu'il a reconnus, ils n'entrent point pendant sa vie dans Madrid. Ainsi Don Juan a été élevé à Ocaña, qui en est éloigné de quelques lieuës. Le Roy son Pere s'y rendoit souvent, & il le faisoit même venir jusqu'aux Portes de la Ville, où il l'alloit trouver. Cette coûtume vient de ce que les Grands d'Espagne disputent le Rang que ces Princes veulent tenir. Celuy-cy avant qu'il allât en Catalogne, demeuroit d'ordinaire au Buen Retiro, qui est une Maison Royale à l'une des extremitez de Madrid, un peu hors la Porte. Et il se communiquoit si peu, qu'on ne l'a jamais vû à aucune Fête publique pendant la vie du feu Roy; mais depuis les tems ont changé, & sa fortune est sur un pied fort different.

Pendant que la Reine Marie-Anne d'Autriche, Sœur de l'Empereur & Mere du Roy, gouvernoit l'Espagne, & que son Fils n'étoit pas encore en âge de tenir les resnes de l'Etat, elle voulut toûjours que Don Juan fut eloigné de la Cour; & d'ailleurs elle se sentoit si capable de gouverner, qu'elle avoit aussi fort grande envie de soulager long-tems le Roy du soin de ses Affaires. Elle n'étoit point trop fâchée qu'il ignorât tout ce qui donne le desir de regner: mais bien qu'elle apportât les dernieres précautions pour l'empêcher de sentir qu'il étoit dans une tutelle un peu gênante, & qu'elle tâchât de ne laisser approcher de luy que les personnes dont elle pouvoit s'asseurer, cela n'empêcha pas que quelques-uns des fidelles Serviteurs du Roy, n'hazardassent tout pour luy faire comprendre ce qu'il pouvoit faire pour sa liberté. Il voulut suivre les Avis qu'on luy donnoit ; & enfin ayant pris des mesures justes, il se déroba une nuit & fut au Buen-Retiro. Il envoya aussi-tôt un Ordre à la Reine sa Mere, de ne point sortir du Palais.

Don Juan est d'une taille mediocre, bien fait de sa personne; il a tous les traits reguliers, les yeux noirs & vifs, la tête tres-belle: Il est poly, genereux, & fort brave. Il n'ignore rien des choses convenables à sa Naissance, & de celles qui regardent toutes les Sciences & tous les Arts. Il écrit & parle fort bien en cinq sortes de Langues, & il en entend encore davantage. Il a étudié long-tems l'Astrologie judiciaire. Il sçait parfaitement bien l'Histoire. Il n'y a point d'Instrument qu'il ne fasse & qu'il ne touche comme les meilleurs Maîtres. Il travaille au Tour. Il forge des Armes. Il peint bien. Il prenoit un fort grand plaisir aux Mathematiques : mais étant chargé du Gouvernement de l'Etat, il a été obligé de se détacher de toutes ses autres occupations.

Il arriva au Buen-Retiro au commencemét de l'année 1677. & aussi-tôt qu'il y fut, il fit envoyer la Reine-Mere à Tolede, parce qu'elle s'étoit déclarée contre luy, & qu'elle empêchoit son retour auprés du Roy. Don Juan eut une joye extrême, de recevoir par le Roy même l'Ordre de pourvoir à tout, & de conduire les Affaires du Royaume; & ce n'étoit pas sans sujet qu'il s'en déchargeoit sur luy, puisqu'il ignoroit encore l'Art de regner. On apportoit pour raison d'une éducation si tardive, que le Roy son Pere étoit mourant quand il luy donna la vie: que même lorsqu'il vint au monde, l'on fut obligé de le mettre dans une Boëte pleine de Coton; parce qu'il étoit si delicat & si petit, qu'on ne pouvoit l'emmailloter : qu'il avoit été élevé sur les bras & sur les genoux des Dames du Palais jusques à l'âge de dix ans, sans mettre une seule fois les pieds à terre pour marcher : que dans la fuite, la Reine sa Mere qui étoit engagée par toutes sortes de raisons à conserver l'unique Heritier de la Branche Espagnolle, apprehendant de le perdre, n'avoit osé le faire étudier de peur de luy donner trop d'application & d'alterer sa santé, qui dans la verité étoit fort foible ; & l'on a remarqué que ce nombre de Femmes avec qui le Roy étoit toûjours, & qui le reprenoient trop aigrement des petites fautes qu'il commettoit, luy avoit inspiré une si grande aversion pour elles, que dés qu'il sçavoit qu'une Dame l'attendoit en quelque endroit sur son passage, il passoit par un degré dérobé, ou se tenoit enfermé tout le jour dans sa Chambre. La Marquise de Loz-Velez qui a été sa Gouvernante, m'a dit qu'elle a cherché l'occasion de luy parler six mois de suite fort inutilement : mais enfin, quand le hazard faisoit qu'elles parvenoient à le joindre, il prenoit le Placet de leurs mains, & tournoit la tête, de crainte de les voir. Sa santé s'est si bien affermie, que son Mariage avec l'Archiduchesse Fille de l'Empereur ayant été rompu par Don Juan, à cause que c'étoit l'ouvrage de la Reine-Mere, il a souhaité d'épouser Mademoiselle d'Orleans. Les circonstances de la Paix qui vient d'être concluë à Nimégue, luy firent jetter les yeux sur cette Princesse, dont les belles qualitez, Madame, vous sont encore mieux connuës qu'à moy.

Il auroit été difficile de croire, qu'ayant des dispositions si éloignées de la galanterie, il fut devenu tout d'un coup aussi amoureux de la Reine, qu'il le devint sur le seul recit qu'on luy fit de ses bonnes qualitez, & sur un Portrait en Mignature qu'on luy en apporta. Il ne veut plus le quitter, il le met toûjours sur son cœur ; il luy dit des douceurs qui étonnent tous les Courtisans : Car il parle un langage qu'il n'a jamais parlé ; sa passion pour la Princesse, luy fournit mille pensées qu'il ne peut confier à personne ; il luy semble que l'on n'entre pas assez dans ses impatiences, & dans le desir qu'il a de la voir ; il luy écrit sans cesse, & il fait partir presque tous les jours des Courriers extraordinaires pour luy porter ses Lettres, & luy rapporter de ses nouvelles.

Lorsque vous serez à Madrid, ajoûta-t-il, vous apprendrez, Madame, plusieurs particularités qui sans doute se serót passez depuis que j'en suis party, & qui satisferont peut-être plus vôtre curiosité, que ce que je vous ay dit. Je vous suis tres-obligée, repliquay-je, de vôtre complaisance: mais faites-moy la grace encore de me dire quel est le veritable caractere des Espagnols. Vous les connoissez, & je suis persuadée que rien n'est échapé à vos lumieres ; comme vous m'en parlerez sans passion & sans interest, je pourray m'en tenir à ce que vous m'en direz. Pourquoy croyez-vous, Madame, reprit-il en soûriant, que je vous en parle plus sincerement qu'un autre, il y a des raisons qui me pourroient rendre suspect ; ils font mes Maîtres, je devrois les ménager; & si je ne suis pas assez politique pour le faire, le chagrin d'être contraint de leur obeïr, seroit propre à me donner sur leur chapitre des Idées contraires à la verité. Quoy qu'il en soit, dis-je en l'interrompant, je vous prie de m'apprendre ce que vous en sçavez.

Les Espagnols, dit-il, ont toûjours pasié pour être fiers & glorieux: Cette gloire est mélée de gravité; & ils la poussent si loin, qu'on peut l'appeller un Orgüeil outré. Ils sont braves sans être temeraires, on les accuse même de n'être pas assez hardis. Ils sont coleres, vindicatifs sans faire paroître d'emportement, liberaux sans ostentation, sobres pour le manger, trop presomptueux dans la prosperité, trop rampans dans la mauvaise fortune. Ils adorent les femmes, & ils sont si fort prévenus en leur faveur, que l'esprit n'a point assez de part au choix de leurs Maîtresses. Ils sont patiens avec excez, opiniâtres, paresseux, particuliers, Philosophes; du reste gens d'honneur & tenant leur parolle au peril de leur vie. Ils ont beaucoup d'esprit & de vivacité, comprennent facilement, s'expliquent de même & en peu de parolles. Ils sont prudens, jaloux sans mesure, des-interessez, peu œconomes, cachez, superstitieux, fort Catholiques, du moins en apparence. Ils font bien des Vers & sans peine. Ils seroient capables de plus belles Sciences, s'ils daignoient s'y appliquer. Ils ont de la grandeur d'ame, de l'éleva-

tion

tion d'esprit, de la fermeté, un serieux naturel, & un respect pour les Dames qui ne se rencontre point ailleurs. Leurs manieres sont composées, pleines d'affectation; ils sont entêtez de leur propre merite, & ne rendent presque jamais justice à celuy des autres. Leur bravoure consiste à se tenir vaillamment sur la défensive, sans reculer & sans craindre le peril, mais ils n'aiment point à le chercher, & ils ne s'y portent pas naturellement; ce qui vient de leur jugement plûtôt que de leur timidité. Ils connoissent le peril, & ils l'évitent. Leur plus grand défaut, selon moy, c'est la passion de se vanger, & les moyens qu'ils y employent. Leurs maximes là-dessus sont absolument opposées au Christianisme & à l'honneur : lorsqu'ils ont receu un affront, ils font assassiner celuy qui le leur a fait. Ils ne se contentent pas de cela, car ils font assassiner aussi ceux qu'ils ont offensez, dans l'apprehension d'être prévenus, sçachant bien que s'ils ne tuënt ils seront tuez. Ils pretendent s'en justifier, quand ils disent que leur Ennemy ayant pris le premier avantage, ils doivent s'asseurer du second. Que s'ils y manquoient, ils feroient tort à leur reputation ; que l'on ne se bat point avec un homme qui vous a insulté ; qu'il se faut mettre en état de l'en punir, sans courre la moitié du danger. Il est vray que l'impunité autorise cette conduite : Car le Privilege des Eglises & des Convents d'Espagne, est de donner une retraite asseurée aux Criminels ; & tout autant qu'ils le peuvent, ils commettent leurs mauvaises actions proche du Sanctuaire, pour n'avoir guére de chemin à faire jusqu'à l'Autel ; on le voit souvent embrassé par un Scelerat le Poignard encore à la main, tout sanglant du Meurtre qu'il vient de commettre.

A l'égard de leur personne, ils sont fort maigres, petits, la taille fine, la tête belle, les traits reguliers, les yeux beaux, les dents assez bien rangées, le tein jaune & bazanné : ils veulent que l'on marche legerement, que l'on ait la jambe grosse & le pied petit, que l'on soit chaussé sans talon, que l'on ne mette point de poudre, qu'on se separe les cheveux sur le côté de la tête, & qu'ils soient coupez tous droits & passez derriere les oreilles, avec un grand Chapeau doublé de taffetas noir, une Golille plus laide & plus incommode qu'une Fraise, un Habit toûjours noir, au lieu de chemise, des Manches de tafetas ou de tabis noir, une Epée étrangement longue, un Manteau de frise noir par là dessus, des chausses tres-étroites, des manches pendantes, & un Poignard. En verité tout cela gâte à tel point un homme, quelque bienfait qu'il puisse être d'ailleurs, qu'il semble qu'ils affectent l'habillement le moins agreable de tous, & les yeux ne peuvent s'y accoûtumer.

Don Frederic auroit continué de parler; & j'avois tant de plaisir à l'entendre, que je ne l'aurois point interrompu : mais il s'interrompit luy-même, ayant remarqué que la reprise d'Ombre venoit de finir; & comme il eut peur que je ne voulusse me retirer, & que nous devions partir le lendemain de bonne heure, il sortit avec les autres Messieurs. Je me levay en effet fort matin, parce que nous avions une grande journée à faire pour aller coucher à Birbiesca. Nous suivîmes la Riviere pour éviter les Montagnes, & nous passâmes à Oron un gros Ruisseau qui se jette dans l'Ebre. Nous entrâmes peu aprés dans un chemin si étroit, qu'à peine nos Littieres pouvoient y passer. Nous montâmes le long d'une côte fort droite jusqu'à Pancorvo, dont je vis le Château sur une éminence voisine. Nous traversâmes une grande

Plaine ; & c'étoit une nouveauté pour nous, de voir un Païs uny. Celuy-cy est environné de plusieurs Montagnes, qui semblent se tenir comme une chaîne, & particulierement celles d'Occa : il fallut passer encore une petite Riviere avant que d'arriver à Birbiesca ; ce n'est qu'un Bourg qui n'a rien de remarquable que son College, & quelques Jardins assez jolis le long de l'eau : mais je puis dire que nous nous y rendîmes par le plus mauvais tems que nous eussions encore eu : j'en étois si fatiguée, qu'en arrivant je me mis au lit ; ainsi je ne vis Don Fernand de Tolede & les autres Chevaliers que le lendemain ; à Castel de Peones. Mais il faut bien vous dire comme l'on est dans les Hôtelleries, & comptez qu'elles font toutes femblables : Lorfqu'on y arrive fort las & fort fatigué, rôty par les ardeurs du Soleil, ou gelé par les Neiges (car il n'y a guéres de temperamment entre ces deux extremitez) l'on ne trouve ni pot au feu ni plats lavez ; l'on entre dans l'Ecurie, & de là l'on monte en haut. Cette Ecurie eft d'ordinaire pleine de Mulets & de Muletiers qui fe font des lits des Bats de leurs Mulets pendant la nuit, & le jour ils leur fervent de Tables. Ils mangent de bonne amitié avec leurs Mulets, & fraternifent beaucoup enfemble.

L'Efcallier par où l'on monte eft fort étroit, & reffemble à une méchante échelle. La Señora de la Cafa vous reçoit en Robe détrouffée & en Manches abbatuës : elle a le tems de prendre ses Habits du Dimanche, pendant que l'on descend de la Littiere, & elle n'y manque jamais ; car elles sont toutes pauvres & glorieuses.

L'on vous fait entrer dans une Chambre, dont les Murailles sont assez blanches, couvertes de mille petits Tableaux de devotion, fort mal faits ; les Lits sont sans Rideaux, les Couvertures de Coton à Houpes passablement propres, les Draps grands comme des Serviettes, & les Serviettes comme de petits Mouchoirs de Poches, encore faut-il être dans une grosse Ville pour en trouver trois ou quatre ; car ailleurs il n'y en a point du tout, non plus que de Fourchettes. Il n'y a qu'une Tasse dans toute la Maison, &
si

si les Multiers la tiennent les premiers; ce qui arrive toûjours s'ils le veulent (car on les sert avec plus de respect que ceux qu'ils conduisent) il faut attendre patiemment qu'elle ne leur soit plus necessaire, ou boire dans une Cruche. Il est impossible de se chauffer au feu des Cuisines sans étouffer, elles n'ont point de Cheminées : Il en est de même dans toutes les Maisons que l'on trouve sur la Route. On fait un trou au haut du Plancher, & la fumée sort par là. Le feu est au milieu de la Cuisine. L'on met ce que l'on veut faire rôtir sur des Tuilles par terre; & quand cela est bien grillé d'un côté, on le tourne de l'autre. Lorsque c'est de la grosse Viande, on l'attache au bout d'une corde suspenduë sur le feu, & puis on la fait tourner avec la main; de sorte que la fumée la rend si noire, qu'on a peine seulement de la regarder.

Je ne croy pas qu'on puisse mieux representer l'Enfer, qu'en representant ces sortes de Cuisines, & les Gens que l'on trouve dedans; car sans compter cette fumée horrible, qui aveugle & suffoque, ils sont une douzaine d'Hommes & autant de Femmes, plus noirs que des Diables, puants & sales comme des Cochons, & vêtus comme des Gueux. Il y en a toûjours quelqu'un qui racle impudemment une méchante Guitarre, & qui chante comme un Chat enroüé. Les Femmes sont toutes échevelées, on les prendroit pour des Baccantes.

Elles ont des Coliers de Verre, dont les grains sont aussi gros que des Noix ; ils font cinq ou six tours à leur col, & servent à cacher la plus vilaine peau du monde.

Ils sont tous plus Voleurs que des Choüettes, & ils ne s'empressent à vous servir que pour vous prendre quelque chose, quoy que ce soit, ne fut-ce qu'une Epingle, elle est prise de bonne guerre, quand on la prend à un François.

Avant toutes choses, la Maîtresse de la Maison vous amene ses petits Enfans, qui sont nuds tête au cœur de l'Hyver, n'eussent-ils qu'un jour. Elle leur fait toucher vos Habits, elle leur en frotte les yeux, les joües, la gorge, & les mains. Il semble que l'on est devenu Relique, & que l'on guerit de tous Maux. Ces Ceremonies achevées, l'on vous demande si vous voulez manger, & fut-il minuit il faut envoyer à la Boucherie, au Marché, au Cabaret, chez le Boulanger, enfin de tous les côtez de la Ville, pour assembler dequoy faire un tres-méchant repas. Car encore que le Mouton y soit fort tendre, leur maniere de le frire avec de l'Huille boüillante n'accommode pas tout le monde; c'est que le Beurre y est tres-rare. Les Perdrix rouges s'y trouvent en quantité & fort grosses, elles sont un peu seches, & à cette secheresse naturelle, l'on y en ajoûte une autre, qui est bien pire; je veux dire, que pour les rôtir, on les reduit en charbon.

Les Pigeons y sont excellens; & en plusieurs endroits l'on trouve de bon Poisson, particulierement des Bessugos, qui ont le goût de la Truite, & dont on fait des Pâtez, qui seroient fort bons, s'ils n'étoient pas remplis d'Ail, de Safran, & de Poivre.

Le Pain est fait de Blé d'Inde, que nous appellons en France Blé de Turquie. Il est assez blanc, & l'on croiroit qu'il est pêtry avec du Sucre tant il est doux; mais il est si mal fait & si peu cuit, que c'est un morceau de Plomb que l'on se met sur l'estomach. Il a la forme d'un Gâteau tout plat, & n'est gueres plus épais que d'un doigt; le Vin est assez bon, & dans la Saison des Fruits, l'on a tout sujet d'être content : car les Muscats sont d'une grosseur & d'un goût admirable; les Figues ne sont pas moins excellentes. L'on peut alors se retrancher à coup seur sur le Dessert. L'on y mange encore des Salades faites d'une Laituë si douce & si rafraîchissante, que nous n'en avons point qui en approchent.

Ne pensez pas, ma chere Cousine, qu'il suffise de dire, allez querir telles choses, pour les avoir; tres-souvent on ne trouve rien du tout. Mais supposé que l'on trouve ce que l'on veut, il faut commencer par donner de l'argent; de maniere que sans avoir encore rien mangé, vôtre repas est compté & payé; car on ne permet au Maître de l'Hôtellerie, que de vous donner le logement. Ils disent pour raison, qu'il n'est pas juste qu'un seul profite de l'arrivée des Voyageurs, & qu'il vaut mieux que l'argent se répande en plusieurs endroits.

L'on n'entre en aucun lieu pour dîner, l'on porte sa Provision, & l'on s'arrête au bord de quelque Ruisseau, où les Multiers font manger leurs Mulets. C'est de l'Avoine ou de l'Orge, avec de la Paille hachée qu'ils ont dans de grands Sacs; car pour du Foin, on ne leur en donne point. Il n'est pas permis à une Femme ou à une Fille de demeurer plus de deux jours dans une Hôtellerie sur les chemins, à moins qu'elle n'en aye des raisons tres-apparentes. En voilà assez pour que vous soyez informée des Hôtelleries, & de la maniere dont on y est receu.

Aprés le soupé ces Messieurs jouërent à l'ombre; & comme je n'y suis pas assez forte pour joüer contr'eux, je m'interessay avec Don Frederic de Cardone; & Don Fernand de Tolede se mit auprés du Brasier avec moy. Il me dit qu'il auroit bien souhaité que j'eusse eu le tems de passer par Vailladolid ; que c'est la plus agréable Ville de la vieille Castille ; qu'elle avoit été long-tems la demeure des Rois d'Espagne, & qu'ils y ont un Palais digne de leur Grandeur. Que pour luy, il y avoit des Parentes qui se seroient fait un plaisir de m'y regaler, & qu'elles n'auroient pas manqué de me faire voir l'Eglise des Dominiquains, que les Ducs de Lerma ont fondée ; qu'elle étoit fort riche, & le

Portail d'une singuliere beauté, à cause des Figures & des bas Reliefs qui l'enrichissent. Que dans le College du même Convent, les François y voyoient avec satisfaction toutes les Murailles semées de Fleurs de Lis, & que l'on disoit qu'un Evêque qui appartenoit au Roy de France les y avoit fait peindre. Il ajoûta qu'elles m'auroient menées aux Religieuses de Sainte Claire, pour voir dans le Chœur de leur Eglise le Tombeau d'un Chevalier Castilllan, dont on pretend qu'il sort des accents & des plaintes toutes les fois que quelqu'un de sa Famille doit mourir. Je souris à cela, comme étant dans le doute d'une chose qu'effectivement je ne croy point. Vous n'ajoûtez pas foy à ce que je vous dis, continua-t-il, & je ne voudrois pas non plûs vous l'aſſûrer comme une verité inconteſtable, bien que tout le Monde en ſoit perſuadé en ce Païs-cy. Mais il eſt certain qu'il y a une Cloche en Arragon, dans un Bourg appellé Vililla ſur l'Ebre, laquelle a dix braſſes de tour; & il arrive qu'elle ſonne quelquefois toute ſeule, ſans que l'on puiſſe remarquer qu'elle ſoit agitée par les Vents, ni par aucun tremblement de Terre: en un mot, par rien de viſible. Elle tinte d'abord, & enſuite d'intervale, en intervale, elle ſonne à volée tant le jour que la nuit. Lorſqu'on l'entend, on ne doute point qu'elle n'annonce quelque ſiniſtre accident. C'eſt ce qui arriva en 1601. le Jeudy treize de Juin, jusqu'au Samedy quinze du même mois : Elle cessa alors de sonner, & elle recommença le jour de la Fête de Dieu, comme on étoit sur le point de faire la Procession. Elle sonna aussi quand Alphonse Cinquiéme, Roy d'Arragon, alla en Italie pour prendre possession du Royaume de Naples. On l'entendit à la mort de Charles-Quint. Elle marqua le départ pour Affrique du Roy de Portugal Don Sebastien, l'extremité du Roy Philippe Second, & le trépas de sa derniere Femme la Reine Anne. Vous voulez que je vous croye, Don Fernand, luy dis-je, il semble que je suis trop opiniâtre de ne me pas rendre encore ; mais vous conviendrez qu'il est des choses dont il est permis de douter.

Avoüez plutôt, Madame, reprit-il d'un air enjoüé, que c'est manque de foy pour moy ; car je ne vous ay rien dit, qui ne soit sçeu de tout le Monde ; mais peut-être croirez-vous davantage Don Esteve de Carvajal, sur une chose aussi extraordinaire, qui est en son Païs. Il l'appella en même tems, & luy demanda s'il n'étoit pas vray, qu'il y avoit au Convent des Freres Prêcheurs de Cordoüe, une Cloche qui ne manque point de sonner toutes les fois qu'il doit mourir un Religieux, & qu'ainsi l'on en sçait le tems à un jour prêt. Don Esteve confirma ce que disoit Don Fernand, & si je n'en suis pas demeurée absolument convaincuë, j'en ay tout au moins fait semblant.

Vous passez si vîte dans la vieille Castille, continua Don Fernand, que vous n'aurez pas le tems d'y rien voir de remarquable. On y parle par tout du Portrait de la Sainte Vierge, qui s'est trouvé miraculeusement empreint sur un Rocher. Il est aux Religieuses Augustines d'Avila, & beaucoup de Personnes s'y rendent par dévotion ; mais on n'a guéres moins de curiosité pour de certaines Mines de Sel, qui sont proches de là, dans un Village appellé Mengraville ; l'on descend plus de deux cent degrez sous Terre, & l'on entre dans une vaste Caverne, formée par la Nature, dont le haut est soûtenu par un seul Pilier de Sel cristalin, d'une grosseur & d'une beauté surprenante. Assez proche de ce lieu, dans la Ville de Soria, on voit un grand Pont sans Riviere, & une grande Riviere sans Pont, parce qu'elle a changé de Lit par un Tremblement de Terre.

Mais si vous veniez jusqu'à Medina del Campo, ajoûta-t-il, je suis sûr que les Habitans vous y feroient une Entrée, par la seule raison que vous êtes Françoise, & qu'ils se piquent de les aimer, pour se distinguer un peu des sentimens des autres Castillans. Leur Ville est tellement privilegiée, que le Roy d'Espagne n'a pas le pouvoir d'y créer des Officiers, ni le Pape même d'y conferer des Benefices. Ce Droit appartient aux Bourgeois, & tres-souvent ils se battent pour l'Election des Ecclesiastiques & des Magistrats.

Une des choses que les Etrangers trouvent la plus belle en ce Païs-cy, c'est l'Aqueduc de Segovie qui est long de cinq lieuës, il a plus de deux cens Arches d'une hauteur extraordinaire, bien qu'en plusieurs endroits il y en ait deux l'une sur l'autre, & il est tout bâty de pierre de taille, sans que pour les joindre on y ait employé ni mortier ni ciment: On le regarde comme un Ouvrage des Romains, ou du moins qui est digne de l'être: la Riviere qui est au bout de la Ville entoure le Château & luy sert de Fossé; il est bâty sur le Roc. Entre plusieurs choses remarquables, on y voit les Portraits des Roys d'Espagne qui ont regné depuis plusieurs Siecles, & de toutes les Villes du Royaume: On ne bat Monnoye qu'à Seville & à Segovie : l'on tient que les pieces de huit que l'on y fait, sont plus belles que les autres : c'est par le moyen de la Riviere, que de certains Moulins tournent, lesquels servent à battre la Monnoye. On y trouve aussi des promenades charmantes le long d'une Prairie plantée d'Ormeaux, dont le feüillage est si épais, que les plus grandes ardeurs du Soleil ne le peuvent penetrer. Je ne manque pas de curiosité, luy dis-je, pour toutes les choses qui le meritent : mais je manque à present de tems pour les voi ; je serois neantmoins bien-aise d'arriver d'assez bonne heure à Burgos pour me promener dans la Ville. C'est à dire, Madame, reprit Don Fernand, qu'il faut vous laisser en état de vous retirer.

rer. Il en avertit les Chevaliers qui quitterent le jeu, & nous nous separâmes.

Je me suis levée ce matin avant le jour, & je finis cette Lettre à Burgos où je viens d'arriver. Ainsi, ma chere Cousine, je ne vous en manderay rien d'aujourd'huy; mais je profiteray de la premiere occasion pour vous donner de mes nouvelles.

A Burgos, ce 27. Février 1679.

QUATRIE'ME LETTRE.

Nous eûmes lieu de nous appercevoir en arrivant à Burgos, que cette Ville est plus froide que toutes celles par où nous avions passé ; & l'on dit aussi que l'on n'y ressent jamais ces grandes & excessives chaleurs qui tuënt dans les autres endroits d'Espagne. La Ville est sur la pente de la Montagne, & s'étend dans la Plaine jusqu'au bord de la Riviere, qui moüille le pied des Murailles. Les Ruës sont fort étroites & inégales : le Château qui n'est pas grand, mais assez fort, se voit sur le haut de la Montagne;

un peu plus bas est l'Arc de Triomphe de Fernando Gonçales, que les Curieux trouvent extremément beau. Cette Ville a été la premiere reconquise sur les Maures, & les Roys d'Espagne y ont demeuré long-tems; c'est la Capitale de la vieille Castille : Elle tient le premier rang dans les deux Etats des deux Castilles, bien que Tolede luy dispute. On y voit de beaux Bâtimens, & le Palais des Velascos est un des plus magnifique. L'on trouve dans tous les Carrefours & dans les Places publiques, des Fontaines jaillissantes, avec des Statuës, dont quelques-unes sont bien faites: mais ce qui est de plus beau c'est l'Eglise Cathedralle; elle est tellement grande & vaste, que l'on y chante la Messe en cinq

Chapelles differentes sans s'interrompre les uns les autres; l'Architecture en est si delicate, & d'un travail si exquis, qu'elle peut passer entre les Bâtimens Gotiques pour un Chef-d'œuvre de l'Art; & cela est dautant plus remarquable, que l'on bâtit assez mal en Espagne: en quelques endroits c'est par pauvreté, & en quelques-autres manque de pierre & de chaux. On m'a dit qu'à Madrid même on y voyoit des Maisons de terre, & que les plus belles sont faites de brique liée avec de la terre au lieu de chaux. Pour passer de la Ville au Fauxbourg de Bega, on traverse trois Ponts de pierre; la Porte qui répond à celuy de Santa Maria est fort élevée, avec l'Image de la Vierge au dessus; ce Fauxbourg contient la plus grande partie des Convents & des Hôpitaux : on y en voit un fort grand fondé par Philippes II. pour recevoir les Pellerins qui vont à S. Jacques, & les garder un jour : l'Abbaye de Mille Flores, dont le Bâtiment est tres-magnifique, n'en est pas éloigné. On voit encore dans ce Fauxbourg plusieurs Jardins qui sont arrosez de fontaines & de ruisseaux d'eau vive ; la Riviere leur sert de Canal, & l'on trouve dans un grand Parc entouré de Murailles, des Promenoirs en tout tems.

Je voulus voir le saint Crucifix qui est au Convent des Augustins ; il est placé dans une Chapelle du Cloître assez grande & si sombre, qu'on ne l'apperçoit qu'à la lueur des Lampes qui sont sans cesse allumées ;

il y en a plus de cent, les unes sont d'or & les autres d'argent, d'une grosseur si extraordinaire, qu'elles couvrent toute la voûte de cette Chapelle ; il y a soixante Chandeliers d'argent plus hauts que les plus grands hommes, & si lourds qu'on ne les peut remuer à moins que de se mettre deux ou trois ensemble. Ils sont rangez à terre des deux côtez de l'Autel ; ceux qui sont dessus sont d'or massif. L'on voit entre deux des Croix de même garnies de Pierreries & des Couronnes qui sont suspenduës sur l'Autel, ornées de Diamans & de Perles d'une beauté parfaite. La Chapelle est tapissée d'un Drap d'or fort épais ; elle est si chargée de raretez & de Vœux, qu'il s'en faut bien qu'il n'y ait assez de place pour les mettre tous; de sorte que l'on en garde une partie dans le Tresor.

Le Saint Crucifix est élevé sur l'Autel à peu prés de grandeur naturelle; il est couvert de trois Rideaux l'un sur l'autre, tous brodez de Perles & de Pierreries: quand on les ouvre, ce que l'on ne fait qu'aprés de tres-grandes Ceremonies, & pour des personnes distinguées, l'on sonne plusieurs Cloches, tout le monde est prosterné à genoux, & il faut demeurer d'accord que ce lieu & cette vûë inspirent un tres-grand respect. Le Crucifix est de Sculture, & ne peut être mieux fait, sa carnation est tres-naturelle; il est couvert depuis l'estomach jusqu'aux pieds, d'une toile fine fort plissée, qui fait comme une espece de Juppe; ce qui ne luy convient guéres, du moins à mon sens.

On tient que c'est Nicomede qui l'a fait : mais ceux qui aiment toûjours le merveilleux, pretendent qu'il a eté apporté du Ciel miraculeusement. On m'a conté que de certains Religieux de cette Ville le volerent autrefois, & l'emporterent, & qu'il fut retrouvé le lendemain dans la Chapelle ordinaire ; qu'alors ces bons Moines le remporterent à force ouverte une seconde fois, & qu'il revint encore ; quoy qu'il en soit, il fait plusieurs Miracles, & c'est une des plus grande devotion de l'Espagne ; les Religieux disent qu'il suë tous les Vendredis.

J'allois rentrer dans l'Hôtellerie, lorsque nous vîmes le Valet de Chambre du Chevalier de Cardonne

Cardonne qui accouroit de toute sa force aprés nous. Il étoit botté, & trois Religieux le suivoient fort échauffez. Je fis dans ce moment un Jugement temeraire: car je ne pûs m'empêcher de croire que c'est qu'il avoit volé quelque chose dans cette riche Chapelle, & qu'on l'avoit pris sur le fait: mais son Maître qui étoit avec moy luy ayant demandé ce qui le faisoit aller si vîte, il luy dit qu'il étoit entré avec ses Eperons dans la Chapelle du S. Crucifix, qu'il y étoit demeuré le dernier, & que les Religieux l'avoient enfermé pour luy faire donner de l'argent; qu'il s'étoit échappé de leurs mains, aprés en avoir receu quelques gourmades, & qu'ils le poursuivoient encore comme nous venions de voir. C'est la verité que l'on n'y porte point d'Eperons, ou que tout au moins il en coûte quelque chose. La Ville n'est pas extrémement grande ; elle est ornée d'une belle Place, où il y a de hauts Pilliers qui soûtiennent de fort jolies Maisons ; l'on y fait souvent des Courses de Taureaux, car le Peuple aime beaucoup céte sorte de Divertissement. Il y a aussi un Pont tres-bien bâty, fort long & fort large. La Riviere qui passe dessous arrose une Prairie, au bord de laquelle on voit des Allées d'arbres qui forment un bocage tres-riant ; le Commerce autrefois y étoit considerable, mais il est bien diminué. On y parle mieux Castillan qu'en aucun autre lieu d'Espagne, & les hommes y sont naturellement Soldats ; de maniere que lorsque le Roy en a besoin, il en trouve là de plus braves & en plus grand nombre qu'ailleurs.

Aprés le soupé on se mit au jeu à l'ordinaire ; Don Sanche Sarmiento dit qu'il cedoit sa place à qui la voudroit, & qu'il luy sembloit que c'étoit à luy à m'entretenir ce soir-là. Je sçavois qu'il y avoit tres-peu qu'il étoit de retour de Sicile : je luy demanday s'il avoit été un de ceux qui avoient aidé à châtier ce Peuple rebelle. Helas ! Madame, dit-il, le Marquis de Las-Navas suffisoit pour les punir au delà de leur crime ; j'étois à Naples dans le dessein de passer en Flandres, où j'ay des parens de même nom que moy. Le Marquis de Los-Velez Viceroy de Naples, m'engagea de quitter mon premier Projet, & de m'embarquer avec

T ij

le Marquis de Las-Navas, que le Roy envoyoit Viceroy en Sicile. Nous fîmes voile sur deux Bâtimens de Majorque, & nous nous rendîmes à Messine le six de Janvier : comme il n'avoit point fait avertir de sa venuë, & que personne n'y étoit preparé, on n'eut pas le tems de le recevoir avec les honneurs que l'on rend d'ordinaire aux Vicerois : mais en verité ses intentions étoient si contraires à ces pauvres gens, que son Entrée n'auroit été accompagnée que de larmes.

Il fut à peine arrivé, qu'il fit mettre en prison deux Jurats nómez Vicenzo Zuffo, & Don Diego ; il établit des Espagnols à leur place ; il cassa rigoureusement l'Academie des Chevaliers de l'Etoille, & commença d'executer les Ordres que Don Vicenzo Gonzaga avoit receus depuis long-tems, & qu'il avoit éludez par bonté ou par foiblesse. Il fit publier aussi-tôt un Reglement, par lequel le Roy changeoit toute la forme du Gouvernement de Messine, ôtoit à la Ville les revenus dont elle joüissoit, luy défendoit de porter à l'avenir le tître glorieux d'Exemplaire, cassoit le Senat, & mettoit à la place des six Jurats, six Elûs, deux desquels seroient Espagnols ; que ces Elûs ne pourroient plus à l'avenir aller en Public avec leurs Habits de Magistrats ; que les Tambours & les Trompettes ne marcheroient plus devant eux ; qu'ils n'iroient point ensemble dans un même Carrosse à quatre Chevaux, comme ils avoient accoûtumé : qu'au lieu du Stratico qui demeureroit aboly, le Roy nommeroit un Gouverneur Espagnol, lequel il revoqueroit à sa volonté ; qu'ils ne seroient plus assis que sur un Banc ; qu'on ne les encéseroit plus dans les Eglises ; qu'ils seroient habillez à l'Espagnolle ; qu'ils ne pourroiét s'assembler pour les Affaires publiques, que dans une Chambre du Palais du Viceroy, & qu'ils n'auroient plus de Juridiction sur le Plat-Païs.

Chacun demeura consterné, comme si les Carreaux de la foudre étoient tombez du Ciel pour les écraser : Mais leur douleur augmenta bien le cinquiéme du même mois, lorsque le Mestre de Camp General fut enlever tous les Privileges en Original, & jusqu'aux Copies qu'il trouva dans le Palais de la Ville, & le Boureau brûla publiquement ces

Papiers. L'on arrêta ensuite le Prince de Condro : & la desolation de sa Famille, mais particulierement de la Princesse Eleonor sa Sœur, avoit quelque chose de si touchāt, que l'on ne pouvoit se défendre de mêler ses larmes aux siennes. Cette jeune personne n'a pas encore dix-huit ans, sa beauté & son esprit sont de ces miracles qui surprennent toûjours. Don Sanche s'attendrit au souvenir de la Princesse, & je connus aisément que la pitié n'avoit pas toute seule part à ce qu'il m'en disoit. Il continua cependāt à me parler de Messine.

Le Viceroy, ajoûta-t-il, fit publier une Ordonnance, par laquelle il étoit enjoint à tous les Bourgeois, sur peine de dix ans de prison, & de cinq mille écus d'amende, d'aporter leurs Armes dans son Palais. Il fit en même tems ôter la grosse Cloche de l'Hôtel-de-Ville, qui servoit à faire prendre les Armes aux Habitans, & devant luy on la brisa en mille morceaux. Il declara peu aprés, qu'il alloit faire bâtir une Citadelle qui contiendroit le Quartier appellé Terra-Nova jusqu'à la Mer. On fondit par son ordre toutes les Cloches de l'Eglise Cathedralle, pour faire la Statuë du Roy d'Espagne; & les enfans du Prince de Condro furent arrêtez: Mais leur crainte devint extrême, lorsque le Viceroy fit couper la tête à D. Vicenzo Zuffo l'un des Jurats. Cét exemple de severité alarma tout le monde; & ce qui parut plus terrible, c'est que dans les derniers troubles quelques familles de Messinois s'étant retirées en plusieurs endroits, le Marquis de Liche Ambassadeur d'Espagne à Rome, leur conseilla de bonne foy de retourner en leur Païs ; il les asseura que tout y étoit calme, & que l'Amnistie generale y devoit être déja publiée; & pour leur faciliter le passage, il leur donna des Passeports. Ces pauvres gens qui n'avoient pas pris les Armes, & qui n'étant point du nombre des Revoltez, ne se reprochoient rien, & ne croyoient pas aussi qu'on deût les traiter en coupables, se rendirent à Messine : mais ils avoient à peine pris terre au Port, que la joye de se revoir dans leur Païs natal, & au milieu de leurs Amis, fut étrangement troublée, lorsqu'on les arrêta, & sans aucun quartier dés le lédemain le Viceroy les fit tous pendre, n'ayant point d'égards ny pour l'âge, ny pour le sexe. Il envoya renverser la grosse Tour de Palerme; & les principaux Bourgeois de cette Ville, ayant voulu s'opposer aux Impôts excessifs que le Marquis de Las Navas venoit de mettre sur le Blé, les Soyes, & les autres Marchandises, il les envoya aux Galeres, sans se laisser toucher par les larmes de leurs Femmes, & par le besoin que tant de malheureux Enfans pouvoient avoir de leurs Peres.

Je vous avouë, continua Don Sanche, que mon caractere est si opposé aux rigueurs que l'on exerce chaque jour contre ce miserable Peuple, qu'il me fut impossible de rester plus long-tems à Messine. Le Marquis de las Navas vouloit envoyer à Madrid, pour informer le Roy de ce qu'il avoit fait. Je le priay de me charger de cette Commission; & en effet, il me donna ses Dépêches, que j'ay renduës à Sa Majesté, & en même tems je parlay pour le Prince de Constro. J'ose croire que mes offices ne luy seront pas tout-à-fait inutiles. Je suis persuadée, luy dis-je, que ç'a été le principal motif de vôtre Voyage: Je ne suis pas pénetrante, mais il me semble que vous prenez un tendre interêt dans les Affaires de cette Famille. Il est vray, Madame, continua-t-il, que l'injustice que l'on fait à ce malheureux Prince, me touche sensiblement. S'il n'étoit pas Frere de la Princesse Eleonor, luy dis-je, peut-être que vous seriez plus tranquille sur ce qui le regarde; mais n'en parlons plus.

Je remarque que ce souvenir vous afflige, veüillez plutôt m'apprendre quelque chose de ce qu'on trouve de plus remarquable dans vôtre Païs. Ah! Madame, s'écria-t-il, vous me voulez insulter ; car je ne doute pas que vous ne sçachiez que la Galice est si pauvre, & d'une beauté si mediocre, qu'il n'y a pas lieu de la vanter ; ce n'est pas que la Ville de Saint Jacques de Compostelle ne soit considerable ; elle est Capitale de la Province, & il n'y en a guéres en Espagne qui luy puisse être superieure en grandeur ni en richesses. Son Archevêché vaut soixante-dix mille Ecus de rente, & le Chapitre en a autant. Elle est située dans une agréable Plaine, entourée de côteaux, dont la hauteur est mediocre, & il semble que la Nature ne les a mis en ce lieu, que pour garantir la Ville des Vents mortels qui viennent des autres Montagnes. Il y a une Université : on y voit de beaux Palais, de grandes Eglises, des Places publiques, & un Hôpital des plus considerables & des mieux servis de l'Europe. Il est composé de deux Cours d'une grandeur extraordinaire, bâties chacune des quatre côtez, avec des Fontaines au milieu : plusieurs Chevaliers de S. Jacques demeurent dans cette Ville ; & la Metropole, qui est dediée à ce Saint, conserve son Corps. Elle est extrémement belle, & prodigieusement riche. On pretend que l'on entend à son Tombeau un cliquetis, comme si c'étoit des Armes que l'on frapât les unes contre les autres; & ce bruit ne se fait, que lorsque les Espagnols doivent souffrir quelque grande perte. Sa Figure est representée sur l'Autel, & les Pelerins la baisent trois fois, & luy mettent leur Chapeau sur la tête; car cela est de la Ceremonie. Ils en font encore une autre assez singuliere; ils montent au dessus de l'Eglise, qui est couverte de grandes Pierres plattes. En ce lieu est une Croix de Fer, où les Pelerins attachent toûjours quelques lambeaux de leurs Habits. Ils passent sous cette Croix, par un endroit si petit, qu'il faut qu'ils se glissent sur l'estomach contre le Pavé; & ceux qui ne sont pas menus, sont prêts à crever. Mais il y en a eu de si simples, ou de si superstitieux, qu'ayant obmis de le faire, ils sont revenus exprès de quatre & cinq cens lieuës ; car on voit là des Pelerins de toutes les contrées du Monde. Il y a la Chapelle de France, dont on a beaucoup de soin. L'on assure que les Rois de France y font du bien de tems en tems. L'Eglise qui est sous terre, est plus belle que celle d'enhaut. On y trouve des Tombeaux superbes, & des Epitaphes tres-anciennes, qui exercent la curiosité des Voyageurs. Le Palais Archiepiscopal est grand, vaste, bien bâty, & son antiquité luy donne des beautez, au lieu de luy en ôter. Un homme de ma connoissance, grand chercheur d'Etymogies, assuroit que la Ville de Compostelle se nommoit ainsi, parce que Saint Jacques devoit souffrir le martyre dans le lieu où il verroit paroître une Etoille à Campo-Stella. Il est vray, reprit-il, que quelques Gens le pretendent ainsi; mais le zele & la credulité du Peuple va bien plus loin, & l'on montre à Padron proche de Compostelle, une Pierre creuse, & l'on pretend que c'étoit le petit Bateau dans lequel Saint Jacques arriva, aprés avoir passé dedans tant de Mers, où sans un continuel Miracle, la Pierre auroit bien dû aller à fond. Vous n'avez pas l'air d'y ajoûter foy, luy dis-je. Il se prit à sourire; & continuant son Discours. Je ne puis m'empêcher, dit-il, de vous faire la description de nos Milices; on les assemble tous les ans au mois d'Octobre, & tous les jeunes Hommes depuis l'âge de quinze ans, sont obligez de marcher: Car s'il arrive qu'un Pere, ou qu'un Parent, celât son Fils ou son Cousin, & que ceux qui les assemblent le sçeussent, ils feroient condamner celuy qui cache son Enfant, à demeurer toute sa vie en prison. L'on en a vû quelquefois des exemples; mais à la verité, ils ne sont pas frequens, & les Païsans ont une si grande joye de se voir armez, & de se voir traiter de *Cavalieros & de Nobles Soldados del Rey*, qu'ils ne voudroient pour rien, perdre cette occasion. Il est rare que dans tout un Regiment, il se trouve deux Soldats qui ayent plus d'une Chemise; leurs Habits sont d'une Etoffe si épaisse, qu'il semble qu'elle soit faite avec de la Ficelle. Leurs Souliers sont de

Corde; les Jambes nuës; chacun porte quelques Plumes de Coq, ou de Pan à son petit Chapeau, qui est retroussé par derriere, avec une Fraize de Guenilles au cou; leur Epée bien souvent sans Fourreau, ne tient qu'avec une Corde; le reste de leurs Armes, n'est guéres en meilleur ordre; & dans cet équipage, ils vont gravement à Tuy, où est le Rendez-vous general, parce que c'est une Place frontiere au Portugal. Il y en a trois de cette maniere, celle-là, Cuidad-Rodrigo, & Badajoz, mais Tuy est la mieux gardée, parce qu'elle est vis-à-vis de Valentia, Place considerable du Royaume de Portugal, & que l'on a fortifiée avec soin. Ces deux Villes sont si proches, qu'elles se peuvent battre à coup de Canon; & si les

Portugais n'ont rien oublié pour mettre hors d'insulte Valentia, les Espagnols pretendent que Tuy n'est pas moins en état de se défendre. Elle est bâtie sur une Montagne, dont la Riviere de Minhio moüille le pied, avec de bons Rempars, de fortes Murailles, & beaucoup d'Artillerie. C'est là, dis-je, que nos Galiegos demandent à combattre les Ennemis du Roy, & qu'ils assurent d'un air un peu fanfaron, qu'ils ne les craignent pas. Il en peut être quelque chose; car dans la suite des tems, on en forme d'aussi bonnes Troupes, qu'il s'en puisse trouver en toute l'Espagne. Cependant c'est un mal pour le Royaume, que l'on en prenne ainsi toute la Jeunesse; les Terres pour la plûpart y demeurent incultes ; & du côté de S. Jacques de Compostelle, il semble que ce soit un desert, de celuy de l'Ocean le Païs étant meilleur, & plus peuplé, il y a beaucoup de choses utiles à la vie, & même agréables ; comme des Grenades, des Oranges, des Citrons, de plusieurs sortes de Fruits, d'excellent Poisson ; & particulierement des Sardines, plus delicates que celles qui viennent de Royan à Bordeaux.

Une des choses à mon gré la plus singuliere de ce Royaume, c'est la Ville Dorense, dont une partie joüit toûjours des douceurs du Printems, & des Fruits de l'Automne, à cause d'une quantité de Sources d'eau boüillante qui échauffent l'Air par leurs exhalaisons, pendant que l'autre partie de cette même Ville éprouve la rigueur des plus longs Hyvers, parce qu'elle est au pied d'une Montagne tres-froide ; ainsi l'on y trouve dans l'espace d'une seule Saison, toutes celles qui composent le cours de l'Année.

Vous ne me parlez point, interrompis-je, de cette merveilleuse Fontaine, appellée Louzana. Hé ! qui vous en a parlé à vous-même, Madame, dit-il, d'un air enjoüé. Des personnes qui l'ont vûë, ajoûtay-je. On vous a donc appris, continua-t-il, que dans la haute Montagne de Cebret on trouve cette Fontaine à la Source du Fleuve Lours, laquelle a son flux & son reflux comme la Mer, bien qu'elle en soit éloignée de vingt lieuës ; que plus les chaleurs sont grandes, plus elle jette d'eau, & que cette eau est quelquefois froide comme de la glace, & quelquefois aussi chaude que si elle boüilloit, sans que l'on en puisse alleguer aucune cause naturelle. Vous m'en apprenez des particularitez que j'ignorois, luy dis-je, & c'est me faire un grand plaisir; car j'ay assez de curiosité pour les choses qui ne sont pas communes, Je voudrois, reprit-il, qu'il fût moins tard, je vous rédrois compte de plusieurs raretez qui sont en Espagne, & que vous seriez bien-aise peut-être de sçavoir. Je vous en quitte pour ce soir, luy dis-je, mais j'espere qu'avant que nous soyons arrivez à Madrid, nous trouverons le tems d'en parler. Il me le promit fort honnêtement; & le Jeu étant finy, nous nous dîmes adieu.

Quand je voulus me coucher, l'on me conduisit dans une Galerie pleine de Lits, comme on les voit dans les Hôpitaux. Je dis que cela étoit ridicule ; & que n'en ayant besoin que de quatre, il n'étoit pas necessaire de m'en donner trente, & de me mettre dans une Halle où j'allois géler. On me répondit que c'étoit le lieu le plus propre de la Maison, & il fallut en passer par là. Je fis dresser mon Lit : mais j'étois à peine couchée, que l'on frappa doucement à ma Porte ; mes Femmes l'ouvrirent, & demeurerent bien surprises de voir le Maître & la Maîtresse suivis d'une douzaize de Miserables, & si déshabillez, qu'ils étoient presque nuds. J'ouvris mon Rideau au bruit qu'ils faisoient, & j'ouvris encore plus les yeux à la vûë de cette noble Compagnie. La Maîtresse s'approcha de moy, & me dit que c'étoient d'honnêtes Voyageurs, qui alloient coucher dans les Lits qui étoient de reste. Comment coucher icy? luy dis-je, je croy que vous perdez l'esprit. Je le perdrois en effet, dit-elle, si je laissois tant de Lits inutiles. Il faut, Madame, que vous les payez, ou que ces Messieurs y demeurent. Je ne puis vous exprimer ma colere, je fus tentée d'envoyer querir Don Fernand & mes Chevaliers, qui les auroient plutôt fait passer par les fenêtres, que par la porte. Mais au fond, sçauroit été un beau sujet de vacarme, pour une douzaine de méchants Grabats. Je m'appaisay donc, & je tombay d'accord de de payer vingt sols pour chacun de ses Lits. Ils ne sont guéres plus cheres à Fontainebleau, lorsque la Cour y est. Ces illustres Espagnols, ou pour parler plus juste, ces Marauts qui avoient eu l'insolence d'entrer dans cette Galerie, se retirerent aussi tôt, aprés m'avoir fait beaucoup de reverence.

Le lendemain je pensay pâmer de rire, bien que ce fût à mes dépens, quand je connus l'habilité de mes Hôtes pour me ruiner : Car vous sçaurez en premier lieu, que ces pretendus Voyageurs étoient leurs voisins, & qu'ils sont accoûtumés à ce manége, lorsqu'ils voiét des Etrangers : mais quand je voulus compter les Lits pour les payer, on les roula tous au milieu de la Galerie, & l'on comm'ença de tirer des ais qui étoient le long de la muraille, & qui cachoient de certains trous pleins de paille, qui auroient pû servir à coucher des Chiens. Je les payay pourtant aussi chacun vingt sols. Quatre Pistoles terminerent nôtre petite dispute. Je n'eus par la force de m'en fâcher, tant je trouvay la chose singuliere. Je ne vous raconterois pas ce petit incident, sans qu'il pût servir à vous faire connoître le caractere de cette Nation.

Nous ne partîmes de Burgosque bien-tard, le tems étoit si mauvais, & il étoit tombé pendant la nuit une si grande abondance de pluye, que j'attendis le plus long-tems que je pûs, esperant toûjours qu'elle cesseroit. Enfin je me déterminay, & je moutay dans ma Litiere. Je n'étois pas encore bien éloignée de la Ville, que je me repentois deja d'en être partie. On ne voyoit aucun chemin, particulierement celuy d'une grande Montagne fort haute & fort roide, par laquelle il falloit de necessité passer : un de nos Multiers qui alloit devant, pris trop sur le penchant de cette Montagne, & il tomba avec son Mulet dans une espece de precipice où il se cassa la tête, & se demit le bras. Comme c'étoit le fameux Philippe de Saint Sebastien, lequel est plus intelligent que tous les autres, & qui conduit d'ordinaire les Personnes de qualité à Madrid, il s'attira une compassion generale, & nous demeurâmes tres long-tems à le retirer du méchant endroit où il étoit tombé ; Don Fernand de Tolede eut la charité de luy donner sa Litiere. La nuit vint promtement ; & nous nous en serions consolez, si nous eussions pû revenir à Burgos ; mais il étoit impossible, les chemins n'étoient pas moins couverts de Neige de ce côté-là, que de tous les autres. Ainsi nous nous arrêtâmes à Madrigalesco, qui n'a pas douze Maisons, & je puis dire que nous y fûmes assiegez sans avoir des Ennemis. Cette avanture ne laissa pas de nous donner quelque inquietude, bien que nous eussions apporté des provisions pour plusieurs jour.

La plus considerable Maison du Village étoit à demy découverte ; & il y avoit peu que j'y étois logée, lorsqu'un venerable Vieillard me demanda de la part d'une Dame qui venoit d'arriver. Il me fit un complimēt, & me dit qu'elle avoit apris que c'étoit le seul lieu où l'on pouvoit être moins incommodé, qu'ainsi elle me prioit de luy permettre qu'elle s'y retirât avec moy. Il ajoûta que c'étoit une Personne de qualité d'Andalousie, qu'elle étoit veuve depuis peu, & qu'il avoit l'honneur d'être à elle.

Un de nos Chevaliers nommé Don Esteve de Carvajal, qui est du même Païs, ne manqua pas de demander son nom au vieux Gentilhomme. Il luy dit que c'étoit la Marquise de Los Rios. A ce nom il se tourna vers moy, & m'en parla comme d'une Personne dont le merite & la naissance étoient également distinguez ; j'acceptay avec plaisir cette bonne compagnie. Elle vint aussi-tôt dans sa Litiere, dont elle n'étoit point descenduë, parce qu'elle n'avoit trouvé aucune Maison où l'on pût la recevoir.

Son Habit me parut fort singulier; il falloit être aussi belle qu'elle étoit, pour y conserver des charmes. Elle avoit un corps d'une étoffe noire, & la juppe de même, & pardessus une maniere de Surplis de toile de Baptiste, qui luy descendoit plus bas que les genoux; les manches étoient longues, & serrées au bras, qui tomboient jusques sur les mains. Ce surplis s'attachoit sur le Corps, & comme il n'étoit point plissé pardevant, il sembloit que c'étoit une bavette. Elle portoit sur sa tête un morceau de Mousseline qui luy entouroit le visage, & l'on auroit crû que c'étoit une guimpe de Religieuse, sans qu'il étoit trop chiffonné & trop clair. Il couvroit sa gorge, & descendoit plus bas que le bord du corps de juppe. Il ne luy paroissoit aucuns cheveux; ils étoient tous cachez sous cette Mousseline. Elle portoit une grande Mante de Taffetas noir, qui la couvroit jusqu'aux pieds; & pardessus cette Mante, elle avoit un Chapeau, dont les bords étoient fort larges, attaché sous le menton avec des cordons de Soye. On me dit qu'elles ne portent ce Chapeau, que lors qu'elles sont en voyage.

Tel est l'Habit des Veuves & des Dueñas, Habit qui n'est pas supportable à mes yeux; & si l'on rencontroit la nuit une femme vêtuë ainsi, je suis persuadée que l'on pourroit en avoir peur sans être trop poltron ; cependant il faut avoüer que cette jeune Dame étoit d'une beauté admirable avec ce vilain deüil, on ne le quitte jamais à moins que l'on ne se remarie ; & par toutes les choses qu'il faut que les Veuves observent en ce Païs-icy, on les contraint de pleurer la mort d'un Epoux qu'elles n'ont quelquefois guére aimé vivant.

J'ay appris qu'elles passent la premiere année de leur deüil dans une Chambre toute tenduë de noir, où l'on ne voit pas un seul rayon de Soleil : elles sont assises les jambes en Croix sur un petit Matelas de toile de Holande. Quand cette année est finie, elles se retirent dans une Chambre tenduë de gris : elles ne peuvent avoir ni Tableaux, ni Miroirs, ni Cabinets, ni belles Tables, ni aucuns Meubles d'argent : elles n'osent porter de Pierreries, & moins encore de couleurs. Quelques modestes qu'elles soient, il faut qu'elles vivent si retirées, qu'il semble que leur ame est déja dans l'autre monde. Cette grande contrainte est cause que plusieurs Dames qui sont tres-riches, & particulierement en beaux Meubles, se remarient pour avoir le plaisir de s'en servir.

Aprés les premiers complimens, je m'informay de la belle Veuve où elle alloit; elle me dit qu'il y avoit long-tems qu'elle n'avoit vû une Amie de sa Mere qui étoit Religieuse à Lashuelgas de Burgos, qui est une Abbaye celebre où il y a cent cinquante Religieuses, la plûpart Filles de Princes, de Ducs & de Titulados. Elle ajoûta que l'Abbesse est Dame de 14 grosses Villes, & de plus de 50 autres Places, où elle établit des Gouverneurs & des Magistrats; qu'elle est Superieure de 17 Convents; confere plusieurs Benefices, & dispose de 12 Commanderies en faveur de qui il luy plaît. Elle me dit qu'elle avoit dessein de passer quelque tems dans ce Monastere. Pourrez-vous, Madame, luy dis-je, vous accoûtumer à une vie aussi retirée que l'est celle d'un Convent. Il ne me sera pas difficile, dit-elle; je croy même que je voyois moins de monde chez moy, que je n'en verray là : & en effet excepté la clôture, ces Religieuses ont beaucoup de liberré. Ce sont d'ordinaire les plus belles Filles d'une Maison que on y met: ces pauvres enfans y ntrent si jeunes, qu'elles ne connoissent ni ce qu'on leur fait quitter, ni ce qu'on leur fait prendre dés l'âge de six ou sept ans, & même plûtôt. On leur fait faire des Vœux, bien souvent c'est le Pere ou la Mere, ou quelque proche Parent, qui les prononcent pour elles, pendant que la petite Victime s'amuse avec des Confitures, & se laisse habiller comme on veut. Le marché tient neantmoins, il ne faut pas songer à s'en dédire: mais à cela prés, elles ont tout ce qu'elles peuvent souhaiter dans leur condition. Il y en a à Madrid, que l'on appelle les Dames de S. Jacques: ce sont proprement des Chanoinesses qui font leurs

Preuves, comme les Chevaliers de cét Ordre. Elles portent aussi comme eux une Epée faite en forme de Croix, brodée de soye Cramoisy : elles en ont sur leur Scapulaire & sur leurs grands Manteaux qui sont blancs. La Maison de ces Dames est magnifique ; toutes celles qui les vont voir y entrent sans difficulté : leurs Appartemens sont tres-beaux ; elles ne sont pas moins bien meublées qu'elles le seroiét dans le monde. Elles joüissent de tres-grosses Pensions, & chacune d'elle a trois ou quatre Femmes pour la servir. Il est vray qu'elles ne sortent jamais, & ne voyent leurs plus proches parens qu'au travers de plusieurs Grilles : cela ne plairoit peut être pas dans un autre Païs, mais en Espagne l'on y est accoûtumé.

Il y a même des Convents, où les Religieuses voyent plus de Cavaliers que les femmes qui sont dans le monde; elles ne sont aussi guére moins galantes. L'on ne peut avoir plus d'esprit & de delicatesse qu'elles en ont: Et comme je vous l'ay deja dit, Madame, la beauté y regne plus qu'ailleurs: mais il faut convenir, qu'il s'en trouve parmy elles qui ressentent bien vivement d'avoir été sacrifiée de si bonne heure: Elles regardent les plaisirs qu'elles n'ont jamais goûté, comme les seuls qui peuvent faire le bon-heur de la vie. Elles passent la leur dans un état digne de pitié, disant toûjours qu'elles ne sont là que par force, & que les Vœux qu'on leur fait prononcer à cinq ou six ans, doivent être regardez comme des jeux d'enfans;

Madame, luy dis-je, sçauroit été grand dommage que vos proches vous eussent destinée à vivre ainsi; & l'on peut juger en vous voyant, que toutes les belles Espagnolles ne sont pas Religieuses. Helas! Madame, dit-elle en poussant un soûpir, je ne sçay ce que je voudrois être, il semble que j'aye l'esprit fort mal tourné, de n'être pas contente de ma fortune: mais on a quelquefois des peines que toute la raison ne sçauroit surmonter. En achevant ces mots, elle attacha les yeux contre terre, & elle s'abandonna tout d'un coup à une si profonde rêverie, qu'il me fut aisé de juger qu'elle avoit de grands sujets de deplaisir: quelque curiosité que j'eusse de les apprendre, il y avoit si peu que nous étions ensemble, que je n'ofay la prier de me donner ce témoignage de fa confiance; & pour la tirer de la mélancolie où elle étoit, je la priay de me dire des nouvelles de la Cour d'Espagne, puifqu'elle venoit de Madrid. Elle fit effort fur elle-même pour fe remettre un peu; elle nous dit que l'on avoit fait de grandes Illuminations & beaucoup de réjoüiffances à la Fête de la Reine-Mere; que le Roy avoit envoyé un des Gentilshommes de fa Chambre à Tolede, pour luy faire des Complimens de fa part: mais que ces belles apparences n'avoient pas empêché que le Marquis de Manfera, Major-Dome de la Reine, n'eut receu ordre de fe retirer à vingt lieuës de la Cour; ce qui avoit fort chagriné cette Princeffe. Elle nous apprit que la Flote qui portoit des Troupes en Galice, étoit mal-heureusement perie sur les Côtes de Portugal ; que la petite Duchesse de Terranova devoit épouser Don Nicolo Pignatelli, Prince de Montéleon son Oncle : que le Marquis de Leganez avoit refusé la Viceroyauté de Sardagne, parce qu'il étoit amoureux d'une belle personne qu'il ne pouvoit se resoudre de quitter ; que Don Carlos Omodei Marquis d'Almonazid étoit malade à l'extremité, de desespoir de ce qu'on luy refusoit le traitement de Grand d'Espagne qu'il pretend, pour avoir épousé l'Heritiere de la Maison & du Grandat de Castel Rodrigue ; & que ce qui l'affligeoit le plus sensiblement, c'est que Don Ariel de Gusman, premier Mary de cette

cette Dame, avoit joüi de cét honneur: de maniere qu'il regardoit les difficultez que l'on faisoit, comme attachez à sa personne, & que c'étoit un nouveau sujet de chagrin pour luy. En verité, Madame, luy dis-je, il m'est difficile de comprendre comme un homme de cœur peut s'abbatre si fortement pour des choses de cette nature; tout ce qui n'attaque ni l'honneur ni la reputation, ne doit point être mortel. L'on n'a pas une ambition si reglée en Espagne, reprit la belle Veuve en soûriant; & comme vous voyez, Madame, en voilà une preuve.

Don Frederic de Cardone qui s'interessoit beaucoup pour le Duc de Medina-Celi, luy en demanda des nouvelles. Le Roy, luy dit-elle, vient de le faire President du Conseil des Indes, la Reine-Mere a écrit au Roy, sur le bruit qui court qu'il se veut marier; qu'elle est surprise que les choses soient deja aussi avancées qu'elles le sont, & qu'il ne luy en ait point fait part. Elle ajoûte dans sa Lettre, qu'elle luy conseilloit en attendant que tout fut prêt pour cette Ceremonie, d'aller faire un voyage en Catalogne & en Arragon, Don Juan d'Autriche en comprend assez la necessité, & il presse le Roy de partir pour contenter les Peuples d'Arragon, en leur promettant par serment, selon la coûtume des nouveaux Rois, de leur conserver leurs anciens Privileges. Est-ce, Madame, luy dis-je en l'interrompant, que les Arragonnois ont d'autres Privileges que les

Castillans. Ouy, reprit-elle, ils en ont d'assez particuliers ; & comme vous êtes Etrangere, je croy que vous serez bien-aise que je vous en informe. Voicy ce que j'en ay appris.

La Fille du Comte Julien nommé Cava, étoit une des plus belles personnes du monde: le Roy Don Rodrigue prit une passion si violente pour elle, que son amour n'ayant plus de bornes, son emportement n'en eut point aussi. Le Pere qui étoit alors en Afrique, informé de l'outrage fait à sa Fille, qui ne respiroit que vangeance, traita avec les Maures, & leur fournit les moyens d'entrer dans l'Espagne, * & d'y faire pendant le

* Cela arriva en 714. apres une Bataille donnée le jour S. Martin, où Don Rodrigue perdit la vie; d'autres disent qu'il s'enfuit en Portugal, & qu'il y mourut dans une Ville appellée Viseu.

cours de plusieurs Siecles, tous les desordres dont l'Histoire parle amplement.

Les Arragonnois furent les premiers qui secoüerent le joug de ces Barbares ; & ne trouvant plus parmy eux aucuns Princes de la Race des Roys Gots, ils convinrent d'en élire un, & jetterent les yeux sur un Seigneur du Païs appellé Garci Ximenez : mais comme ils étoient les Maîtres de luy imposer des Loix, & qu'il se trouvoit encore trop heureux de leur commander sous quelque condition qu'ils voulussent luy obeïr, ces Peuples donnerent des bornes bien étroites à son pouvoir.

Ils convinrent entre-eux, qu'aussi-tôt que le Monarque dérogeroit à quelqu'une des Loix, il perdroit absolument son pouvoir, & qu'ils seroient en droit d'en choisir un autre, quand bien il seroit Payen : & pour l'empêcher de violer leurs Privileges, & les défendre contre luy au peril de la vie, ils établirent un Magistrat Souverain qu'ils nomment le Justicia, lequel devoit être Commis pour veiller à la conduite du Roy, des Juges, & du Peuple : mais la Puissance d'un Souverain étant propre à intimider un simple Particulier, ils voulurent pour affermir le Justicia dans ses fonctions, qu'il ne pût être condamné ni en sa personne ni en ses biens, que par une Assemblée complette des Etats, qu'on nomme las Cortés.

Ils ajoûterent encore, que si le Roy oppressoit quelqu'un de ses Sûjets, les Grands & les Notables du Royaume pourroient s'assembler, pour empêcher qu'on ne luy payât rien de ses Domaines, jusqu'à ce que l'Innocent fut justifié, ou qu'il fut rentré dans son bien. Le Justicia devoit tenir la main à toutes ces choses; & pour faire sentir de bonne-heure à Garci Ximenês le pouvoir que cét homme avoit sur luy, ils l'eleverent sur un espece de Trône, & voulurent que le Roy ayant la tête nuë se mit à genoux devant luy, pour faire serment entre ses mains de garder leurs Privileges. Cette Ceremonie achevée, ils le reconnûrent pour leur Souverain, mais d'une maniere aussi bizare que peu respectueuse: car au lieu de luy promettre fidelité & obeïssance, ils luy dirent. *Nous qui valons autant que vous, nous vous faisons nôtre Roy & Seigneur, à condition que vous garderez nos Privileges & Franchises, autrement nous ne vous reconnoissons point.*

Le Roy Don Pedro dans la suite du tems étant parvenu à la Couronne, trouva que cette coûtume étoit indigne de la grandeur Royale; & elle luy déplût à tel point, que par son authorité, par ses prieres, & par les offres qu'il fit d'accorder plusieurs beaux Privileges au Royaume, il obtint que celuy-là seroit aboly dans l'Assemblée des Etats; l'on en passa le consentement general, que l'on écrivit, & qui luy fut presenté. Aussitôt qu'il eut le Parchemin, il tira son Poignard & se perça la main, disant qu'il étoit bien juste qu'une Loy qui donnoit aux Sûjets la liberté d'élire leur Souverain, s'efface avec le Sang du Souverain. On voit encore aujourd'huy sa Statuë dans la Salle de la Députation de Sarragosse; il tient le Poignard d'une main, & le Privilege de l'autre : les derniers Rois n'en ont pas été si religieux Observateurs que les premiers.

Mais il y a une Loy qui subsiste encore, & qui est fort singuliere; c'est la Loy de la Manifestation; elle porte que si un Arragonnois a été mal jugé, en consignant cinq cens écus il en peut faire sa Plainte devant le Justicia, lequel est obligé après une exacte perquisition, de faire punir celuy qui n'a pas jugé équitablement; & s'il y manque, l'Oppressé a recours aux Etats du Royaume, qui s'assemblent & nomment neuf

neuf personnes de leur Corps; c'est à dire des Grands, des Ecclesiastiques, de la petite Noblesse, & des Communautez: on en prend trois du premier Corps, & deux de chacun des autres: mais il est à remarquer, qu'ils choisissent les plus Ignorans pour juger les plus habiles de la Robbe, soit pour leur faire plus de honte de leur faute, ou comme ils le disent, que la Justice doit être si claire, que les Païsans même, & ceux qui en sçavent le moins, puissent la connoître, sans le secours de l'éloquence. On assure aussi que les Juges tremblent quand ils prononcent un Arrest, craignant que ce n'en soit un contre eux-mêmes pour la perte de leur vie ou de leurs biens, s'ils y commettent la moindre erreur, soit par malice ou par inapplication. Hé las! que si cette coûtume étoit établie par tout, on verroit de changemens avantageux.

Cependant ce qui n'est pas moins singulier, c'est que la Justice demeure toûjours Souveraine; & bien que l'on punisse rigoureusement le mauvais Juge de son mauvais Arrest, il ne laisse pas de subsister dans toute sa force, & d'être executé. S'il s'agit donc de la mort d'un malheureux, mal-gré son innocence reconnuë, on le fait mourir: mais les Juges sont executez à ses yeux; voila une foible consolation. Si le Juge accusé a bien fait sa Charge, celuy qui s'en étoit plaint laisse les cinq cens Ecus qu'il avoit consignez: mais d'eût-il perdre cent mille livres de rente par l'Arrest dont il se plaint, l'Arrest, dis-je, demeure pour bon, & l'on ne condamne le Juge qu'à luy payer aussi cinq cens Ecus, le reste du bien de ce Juge est confisqué au Roy, ce qui est à mon avis une autre injustice : car enfin, l'on devroit avant toutes choses recompenser celuy qui perd par un méchant Arrest.

Ces mêmes Peuples ont la coûtume de distinguer par le Supplice, le crime qu'on a commis ; par exemple, un Cavalier qui en a tué un autre en duel (car il est défendu de s'y battre) on luy tranche la tête pardevant ; & celuy qui a assassiné, on la luy tranche par derriere ; c'est pour faire connoître celuy qui s'est conduit en galant homme ou en traître.

Elle ajoûta qu'à parler en general des Arragonnois, ils avoient un orgüeil naturel qu'il étoit difficile de reprimer : mais aussi que pour leur rendre justice, on devoit convenir qu'il se trouvoit parmy eux une élevation d'esprit, un bon goût, & des sentimens si nobles, qu'ils se distinguoient avec avantage de tous les autres Sûjets du Roy d'Espagne ; qu'ils n'avoient jamais manqué de grands Hommes depuis leur premier Roy jusqu'à Ferdinand, & qu'ils en comptoient un nombre si surprenant, qu'il paroissoit y entrer beaucoup d'exageration ; qu'il étoit vray cependant, qu'ils s'étoient rendus fort recommandables par leur valeur & par leur esprit.

Qu'au reste, leur terroir étoit si peu fertile, qu'excepté quelques vallées qu'on arrofoit par des canaux, dont l'eau venoit de l'Ebre, le refte étoit fi fec & fi fablonneux, que l'on y trouvoit que de la Bruiere & des Rochers; que la ville de Sarragoffe étoit grande, les Maifons plus belles qu'à Madrid, les Places publiques ornées d'Arcades; que la Ruë Sainte où l'on faifoit le Cours étoit fi longue & fi large, qu'elle pouvoit paffer pour une grande & vafte Place; que l'on y voyoit les Palais de plufieurs Seigneurs; que celuy de Caftelmorato étoit un des plus agreable; que la Voûte de l'Eglife de S. François furprenoit tout le monde; parce qu'étant d'une largeur extraordinaire, elle n'eft foûtenuë d'aucuns Pilliers: que la Ville n'étoit point forte, mais que les Habitans en étoient si braves, qu'ils suffisoiét pour la défendre; qu'elle n'a point de Fontaine, & que c'est un de ces plus grands defauts; que l'Ebre n'y portoit point de Batteaux, à cause que cette Riviere est remplie de Rochers tres-dangereux: qu'au reste, l'Archevêché valoit soixante mille écus de rente; que la Viceroyauté n'étoit d'aucun revenu, & que c'étoit un poste fort honorable, où il ne faloit que de grands Seigneurs en état de faire de la depense pour soûtenir leur rang, & pour soûmettre des Peuples qui étoient naturellement fiers & imperieux, point affables aux Etrangers; & si peu prévenans, qu'ils aimeroient mieux rester seuls toute leur vie dans leurs Maisons, que de faire les premieres démarches pour s'attirer quelque connoissance nouvelle; qu'il y avoit une severe Inquisition, dont le Bâtiment étoit magnifique, & un Parlement tres-rigide; que cela n'empêche pas qu'il ne sorte de ce Royaume des Compagnies de Voleurs, appellez *Bandoleros*, qui se répandent par toute l'Espagne, & qui font peu de quartier aux Voyageurs; qu'ils enlevent quelquefois des Filles de qualité, qu'ils mettent ensuite à rançon, pour que leurs parens les racheptent: mais que lors qu'elles sont belles, ils les gardent, & que c'est le plus grand mal-heur qui puisse leur arriver, parce qu'elles passent leur vie avec les plus méchantes gens du monde, qui les retiennent dans des Cavernes effroyables, ou qui les menent à Cheval avec eux; qu' ils en ont une jalousie si furieuse, qu'un de leurs Capitaines ayant été attaqué depuis peu par des Soldats que l'on avoit envoyez dans les Montagnes pour le prendre, étant blesé à mort, & ayant avec luy sa Maîtresse qui étoit de la Maison du Marquis de Camaraza Grand d'Espagne ; lorsqu'elle le vid si mal, elle ne songea qu'à profiter de ce moment pour se sauver, mais que s'en étant apperceu, tout mourant qu'il étoit, il l'arrêta par les cheveux, & luy plongea son Poignard dans le sein, ne voulant pas, disoit-il, qu'un autre possedât un bien qui luy avoit été si cher : c'est ce qu'il avoüa luy-même aux Soldats qui le trouverent, & qui virent ce triste Spectacle.

La belle Marquise de Los

Rios se tut en cet endroit, & je la remerciay autant que je devois de la bonté qu'elle avoit euë de m'apprendre des choses si curieuses, & que j'aurois peut-être ignorées toute ma vie sans elle. Je ne pensois pas, Madame, me dit-elle, que vous me d'eussiez des remercimens, & je craignois bien plutôt d'avoir merité des reproches pour une conversation si longue & si ennuieuse; mais c'est un défaut dans lequel on tombe même sans s'en appercevoir, lorsque l'on raconte quelques évenemens extraordinaires.

Je ne voulus point souffrir qu'elle me quittât pour manger ailleurs, & je l'obligeay de coucher avec moy, parce qu'elle n'avoit pas son lit. Un procedé si franc & si honnête, l'engagea de me vouloir du bien. Elle m'en assûra en des termes si tendres, que je n'en pûs douter : car je dois vous dire que les Espagnolles sont plus carressantes que nous, & qu'elles ont pour ce qui leur plaît des manieres bien plus touchantes, & bien plus delicates que les nôtres.

Enfin, je ne pus m'empêcher de luy dire, que si elle avoit pour moy l'amitié dont elle me flattoit, elle auroit aussi la complaisance de m'informer de ce qui luy faisoit de la peine, que je l'avois entenduë soûpirer la nuit, qu'elle étoit réveuse & melancolique ; & que si elle pouvoit trouver quelque soulagement à partager ses chagrins avec moy, je m'offrois de luy servir de fidele amie. Elle m'embrassa d'un air fort tendre, & me dit, que sans differer d'un moment, elle alloit satisfaire ma curiosité : Ce qu'elle fit en ces termes.

Puisque vous me voulez connoître, Madame, il faut que sans vous rien déguiser, je vous avouë toutes mes foiblesses, & que par ma sincerité, je merite une curiosité aussi obligeante qu'est la vôtre.

Je ne suis point d'une naissance qui me distingue dans le Monde; mon Pere se nommoit Davila, il n'étoit que Banquier; Mais il etoit estimé, & il avoit du bien. Nous sommes de Seville, Capitale de l'Andalousie, & nous y avons toûjours demeuré. Ma Mere sçavoit le Monde, elle voyoit beaucoup de Personnes de qualité, & comme elle n'avoit que moy d'enfans, elle m'elevoit avec de grands soins: on trouvoit que j'y répondois assez, & j'avois le bonheur que l'on ne me voyoit gueres, sans me vouloir du bien.

Nous avions deux Voisins qui venoient fort souvent dans nôtre Maison; ils étoient agréablement reçûs de mon Pere & de ma Mere. Leur condition & leur âge n'avoient aucun rapport: L'un étoit le Marquis de Los Rios, homme riche & de grande naissance; il étoit veuf & d'un âge avancé; l'autre étoit le Fils d'un gros Marchand qui trafiquoit aux Indes; il étoit jeune, & bien fait; il avoit de l'esprit, & toutes ses manieres le distinguoient avantageusement. Il s'appelloit Mendez. Il ne fut pas longtems sans s'attacher à moy avec une si forte passion, qu'il n'y avoit rien qu'il ne fît pour me plaire, & pour m'engager à quelque retour.

Il se trouvoit dans tous les endroits où j'allois; il passoit des nuits entieres sous mes fenêtres, pour y chanter des paroles qu'il avoit composées pour moy, qu'il accompagnoit fort bien de sa Harpe, ou pour m'y donner des Concerts: En un mot, il ne negligeoit rien de tout ce qui pouvoit me faire connoître sa passion.

Mais voyant que ses empressemens n'avoient pas tout l'effet qu'il en attendoit, & ayant passé un assez long-tems de cette maniere, sans oser me parler de sa tendresse, il resolut enfin de profiter de la premiere occasion qu'il pourroit rencontrer pour m'en entretenir.

Je l'évitois depuis une conversation que j'avois euë avec une de mes Amies, qui avoit bien plus d'experience & d'usage du Monde que moy. J'avois senty que la presence de Mendez me donnoit de la joye, que mon cœur avoit une emotion pour luy qu'il n'avoit point pour les autres. Que lorsque ses affaires ou nos visites l'empêchoient de me voir, j'étois inquiette; & comme j'aimois cette belle Fille tendrement, & que je luy étois chere, elle avoit remarqué que j'étois moins gaye qu'à l'ordinaire, & que mes yeux quelquefois s'attachoient avec attention sur Mendez. Un jour qu'elle m'en faisoit la guerre, je luy dis avec une naïveté assez agréable: Ne me refusez pas, ma chere Henriette, de me définir les sentimens que j'ay pour Mendez : Je ne sçay encore si je dois les craindre, & si je ne devrois point m'en défendre ; mais je sens bien que j'y aurois beaucoup de peine, & qu'ils me font du plaisir. Elle se prit à rire, elle m'embrassa, & me dit : Ma chere Enfant, n'en doutez point, vous aimez. J'aime, m'écriay-je avec effroy. Ah ! vous me trompez : Je ne veux point aimer ; Je ne veux point aimer. Cela ne dépend pas toûjours de nous, continua-t-elle d'un air plus serieux, nôtre Etoile en decide avant nôtre cœur : Mais au fonds, qu'est-ce qui vous épouvante si fort ? Mendez est d'une condition proportionnée à la vôtre, il a du merite, il est bien fait, & si ses affaires continuent d'avoir un succés aussi favorable qu'elles ont eû jusques à present, vous pouvez esperer d'être heureuse avec luy. Et qui m'a dit, repris-je en l'interrompant, qu'il sera heureux avec moy, & même qu'il y pense? O je vous en répons, me dit-elle: Tout ce qu'il fait a ses vûës, & l'on ne passe pas les nuits sous les fenêtres, & les jours à suivre une Personne indifferente.

Aprés quelqu'autre discours de cette nature, elle me quitta, & je fis dessein, malgré la répugnance que j'y sentois, de ne plus donner lieu à Mendez de me parler en particulier.

Mais un soir que je me promenois dans le Jardin, il vint m'y trouver. Je fus embarrassée de me voir seule avec luy, & il eût lieu de le remarquer sur
mon

mon visage, & à la maniere dont je le recevois. Cela ne pût le détourner du dessein qu'il avoit fait de m'entretenir. Que je suis heureux ! belle Marianne, me dit-il, de vous trouver seule : Mais, que dis-je, heureux ! Peut-être que je me trompe, & que je dois craindre que vous ne vouliez pas apprendre un secret que je veux vous confier. Je suis encore si jeune, luy, dis-je en rougissant, que je ne vous conseille pas de me rien dire, à moins que vous ne vouliez que j'en fasse part à mes Amies. Hé quoy ! continua-t-il, si je vous avois dit que je vous adore, que tout mon repos dépend des dispositions que vous avez pour moy ; que je ne sçaurois plus vivre sans quelque certitude que je pourray vous plaire un jour, le diriez-vous à vos Amies ? Non, luy dis-je avec beaucoup d'embarras, je regarderois cette confidence comme une raillerie; & ne voulant pas la croire, je ne voudrois pas hazarder de la laisser croire à d'autres.

L'on nous interrompit comme j'achevois ces mots ; il me parût qu'il n'étoit guere content de ce que je luy avois répondu : & peu de tems après, il trouva l'occasion de m'en faire des reproches.

Je ne pûs les soûtenir, & j'écoutay favorablement le penchant que j'avois pour luy : tout avoit à mon gré une grace particuliere dans sa bouche ; & il n'eût guére de peine à me persuader, qu'il m'aimoit plus que toutes les choses du monde.

Cependant, le Marquis de Los-Rios me trouvoit si bien

élevée, & toutes mes manieres luy revenoient si fort, qu'il s'attacha uniquement à me plaire. Il avoit de la delicatesse ; il ne pouvoit se resoudre de ne me devoir qu'à la seule autorité de mes parens. Il comprenoit assez qu'ils recevroient comme un honneur les intentions qu'il avoit pour moy : mais il vouloit que j'y consentisse, avant que de s'adresser à eux.

Dans cette pensée, il me parla un jour, & me dit tout ce qu'il pût imaginer de plus engageant. Je luy témoignay que je me ferois toûjours un devoir indispensable d'obeïr à mon Pere ; que cependant nos âges étoient si differens, que je luy conseillois de ne point songer à moy ; que j'aurois une eternelle reconnoissance des sentimens avantageux qu'il avoit pour moy; que je luy accorderois toute mon estime : mais que je ne pouvois disposer que de cela en sa faveur. Aprés m'avoir entenduë, il fut quelque tems sans parler ; & prenant tout d'un coup une resolution fort genereuse : Aimable Marianne, me dit-il, vous auriez pû me rendre le plus heureux homme du monde ; & si vous aviez de l'ambition, je pourrois aussi la satisfaire; cependant vous me refusez, vous souhaitez d'être à un autre ; j'y consens, j'ay trop d'amour pour balancer entre vôtre satisfaction & la mienne ; je vous en fais donc un entier Sacrifice, & je me retire pour jamais. En achevant ces mots il me quitta, & me parût si affligé, que je ne pûs m'empêcher d'en être touchée.

Mendez arriva peu après, & me trouva triste: il me pressa si fort de luy en apprendre la cause, que je ne pûs luy refuser cette preuve de ma complaisance. Un autre que luy m'auroit eu une sensible obligation de l'exclusion que je venois de donner à son Rival; mais bien loin de m'en tenir compte, il me dit qu'il voyoit dans mes yeux, que je regretois déja un Amant qui pouvoit me mettre dans un rang plus élevé que luy, & qu'il y avoit bien de la cruauté dans mon procedé. J'essaiay inutilement de luy faire connoître l'injustice du sien; quoy que je pûsse luy dire, il continua de me reprocher mon inconstance. Je restay surprise & chagrine de cette maniere d'agir, & je demouray plusieurs jours sans vouloir luy parler.

Il fit enfin reflexion qu'il n'avoit point de sujet de se plaindre ; il vint me trouver ; il me demanda pardon, & me témoigna beaucoup de déplaisir de n'avoir pas été le Maître de sa jalousie. Il s'excusa comme font tous les Amans, sur la force de sa passion : j'eûs tant de foiblesse, que je voulus bien oublier la peine qu'il m'avoit causée. Nous nous raccommodâmes, & il continua de me rendre des soins fort empressez.

Son Pere ayant appris la passion qu'il avoit pour moy, crût qu'il ne pouvoit luy procurer un Mariage plus convenable ; il luy en parla, & vint ensuite trouver mon Pere pour luy en faire la proposition. Ils étoient Amis depuis long-tems ; il fut agreablement écouté, & il luy accorda avec plaisir ce qu'il souhaitoit.

Mendez vint m'en apprendre la nouvelle avec des transports qui auroient semblé ridicules à toute autre qu'à une Maîtresse. Ma Mere m'ordonna d'avoir pour luy des égards ; elle me dit que cette Affaire m'étoit avantageuse ; & qu'aussi-tôt que la Flote des Indes seroit arrivée, où il avoit un interêt tres-considerable, l'on concluroit le Mariage.

Pendant que ces choses se passoient, le Marquis de Los Rios étoit retiré dans une de ses Terres, où il ne voyoit presque personne. Il menoit une vie languissante qui le tuoit ; il m'aimoit toûjours, & s'empêchoit de me le dire, & de se soulager par cét innocent remede.

Enfin son corps ne pût resister à l'accablement de son esprit, il tomba dangereusement malade; & sçachant des Medecins qu'il n'y avoit point d'esperance pour luy, il fit un effort pour m'écrire la Lettre du monde la plus touchante, & il m'envoya en même tems une Donation de tout son bien, au cas qu'il mourût. Ma Mere se trouva dans ma Chambre, lors qu'un Gentilhomme me presenta ce Paquet de sa part; elle voulut sçavoir ce qu'il contenoit.

Je ne pûs dans ce moment m'empêcher de luy dire ce qui s'étoit passé, & nous fûmes l'une & l'autre dans la derniere surprise, de l'extrême generosité du Marquis. Elle luy manda que j'irois avec ma Famille le remercier d'une liberalité que je je n'avois point merité, & en particulier elle me reprit fortement de luy avoir fait un mystere d'une chose que j'aurois deû luy dire sur le champ. Je me jettay à ses genoux; je m'excusay le moins mal qu'il me fut possible, & je luy témoignay tant de douleur de luy avoir déplû, qu'elle me pardonna facilement. Au sortir de ma Chambre, elle fut trouver mon Pere; & luy ayant appris tout ce qui s'étoit passé, ils resolurent d'aller le lendemain voir le Marquis, & de m'y mener.

Je le dis le soir à Mendez; & la crainte que j'avois qu'enfin mes Parens ne me voulussent faire épouser ce Vieillard, si par hazard il échapoit de sa maladie; quelque touchée que je luy parusse, il s'emporta si fort, & il me fit de si grands reproches, qu'il falloit l'aimer autant que je l'aimois pour ne pas rompre avec luy. Mais il avoit un tel ascendant sur mes volontez, qu'encore qu'il fut le plus injuste de tous les hommes, je croyois qu'il fut le plus raisonnable.

Nous fûmes chez le Marquis de Los Rios ; sa Maison de Campagne n'est qu'à deux lieuës de Seville ; tout mourant qu'il étoit, il nous reçût avec tant de joye, qu'il nous fut aisé de la remarquer. Mon Pere luy témoigna son déplaisir, de le trouver dans un état si pitoyable ; il luy fit ses remercimens pour la Donation qu'il m'avoit faite, & l'asseura que s'il trouvoit quelque pretexte honnête & plausible, il romproit avec

Mendez, auquel il avoit donné sa parolle ; que s'il pouvoit y réüssir, il la luy engageoit ; que je ne serois jamais à d'autre qu'à luy. Il reçût cette asseurance, comme il auroit pû recevoir sa parfaite Felicité : mais il connut bien la douleur que j'en ressentois. Je devins pâle, mes yeux se couvrirent de larmes, & lorsque nous le quittâmes il me pria de m'approcher de luy. Il me dit d'une voix mourante. Ne craignez rien, belle Mariane, je vous aime trop pour vous déplaire, vous serez à Mendez, puisque Mendez a touché vôtre cœur. Je luy dis que je n'avois point de penchant particulier pour luy ; que l'on m'avoit ordonné de le regarder comme un homme qui devoit être mon Epoux, & qu'enfin je le priois de guerir.

Il me semble que c'étoit la moindre démarche que je pouvois faire pour une personne à qui j'avois de si grandes obligations. Il en parût assez satisfait; & faisant un effort pour prendre ma main & la baiser. Souvenez-vous au moins, me dit-il, que vous m'ordonnez de vivre, & que ma vie étant vôtre ouvrage, vous serez obligée de la conserver.

Nous revinsmes le soir, & l'impatient Mendez nous attendoit pour me faire de nouveaux reproches. Je les pris à mon ordinaire, comme des preuves de sa passion; & aprés m'être justifiée, je luy demanday si l'on n'avoit point quelques nouvelles de la Flote. Helas! me dit-il, mon Pere en a reçû qui me desesperent, je n'ose vous les apprendre ? Avez-vous quelque chose de caché pour moy, luy dis-je en le regardant tendrement, & pouvez-vous croire que je me démente à vôtre égard. Je suis trop heureux, reprit-il, que vous ayez des dispositions si favorables ; & comme en effet je ne puis avoir rien de secret pour vous, il faut que je vous avoüe que le Galion dans lequel nous avions tout nôtre bien, s'est entr'ouvert & a échoüé contre la Côte.

La plus grande partie de sa charge est perduë : mais j'y serois bien moins sensible, quelque interêt que j'y aye, si je n'envisageois pas la suite des mal-heurs que cette perte me prepare. Vôtre presence aura rendu la santé au Marquis de Los-Rios, l'on sçait dans vôtre

Famille ses sentimens. pour vous, il est riche & grand Seigneur; je deviens miserable; & si vous m'abandonnez, ma chere Marianne, je n'auray plus d'espoir que dans une prompte mort. Je fus penetrée de douleur à des nouvelles si affligeantes; je pris une de ses mains, & la serrant dans les miennes, je luy dis. Mon cher Mendez, ne croyez pas que je sois capable de vous aimer & de changer, par les effets de vôtre bonne ou de vôtre mauvaise fortune. Si vous êtes capable de faire un effort pour luy resister, croyez aussi que j'en seray capable. J'en atteste le Ciel, continuay-je, & pourvû que vous m'aimiez, & que vous me soyez fidele, je veux bien qu'il me punisse si jamais je change.

Il me témoigna toute la senfibilité qu'il devoit à des affeurances si touchantes, & nous resolûmes de ne pas divulger cét accident.

Je me retiray fort triste, & m'enfermay dans mon Cabinet, rêvant aux suites que pourroit avoir la perte de tant de biens. J'y étois encore, lorsque j'entendis fraper doucement contre les Jaloufies qui fermoient ma fenêtre (car j'étois logée dans un Appartement bas) je m'approchay, & je vis Mendez au clair de la Lune. Que faites-vous icy à l'heure qu'il est, luy dis-je? Helas! me dit-il, je venois effayer de vous parler avant que de m'en aller.

Mon Pere vient encore de recevoir des nouvelles du Galion, il veut que je parte tout à l'heure, & que j'aille où il est échoüé pour tâcher d'en sauver quelque chose; il y a fort loin d'icy, & je vais être un tems considerable sans vous voir. Ah ! ma chere Marianne, pendant tout ce tems me tiendrez-vous ce que vous m'avez promis ? puis-je esperer que ma chere Maîtresse me sera fidele ? Si vous le pouvez esperer, dis-je en l'interrompant : Mendez, que vous ay-je fait pour le mettre en doute ? Oüy, continuay-je, je vous aimeray, fussiez-vous le plus infortuné de tous les hommes.

Ce seroit abuser de vôtre patience, Madame, de vous raconter tout ce que nous nous dîmes dans cette douloureuse separation : & bien qu'il n'y parût aucun danger, nos cœurs se saisirent à tel point, que nous avions déja un pressentiment des disgraces qui nous devoient arriver. Le jour approchoit, & il falut enfin nous dire adieu; je luy vis répandre des larmes, & j'étois toute moüillée des miennes.

Je me jettay sur mon lit, roulant dans mon esprit mille tristes pensées; & ie parus le lendemain si abbatuë, que mon Pere & ma Mere eurent peur que ie ne tombasse dangereusement malade.

Le Pere de Mendez les vint voir, pour excuser son Fils de ce qu'il étoit party sans prendre congé d'eux. Il ajoûta qu'il s'agissoit d'une Affaire si pressée, qu'elle ne luy avoit pas laissé un moment à sa disposition. A mon égard, Madame, je n'avois plus de joye, ie n'étois sensible à rien ; & si quelque chose pouvoit me soulager, c'étoit la conversation de ma chere Henriette, avec qui ie me plaignois en liberté de la longue absence de Mendez.

Cependant, le Marquis de Los-Rios étoit hors de danger, & mon Pere l'alloit voir souvent. Je remarquay un jour beaucoup d'alteration sur le visage de ma Mere : elle & mon Pere furent long-tems enfermez avec des Religieux qui les étoient venus trouver; & aprés avoir conferé ensemble, ils me firent appeller, sans que ie pûsse en deviner la cause.

J'entray dans leur Cabinet si émuë, que ie ne me connoissois pas moy-même. Un de ces bons Peres, venerable par son âge & par son habit, me dit plusieurs choses sur la resignation que nous devons aux ordres de Dieu, sur sa Providence dans tout ce qui nous regarde; & la fin de son discours fut, que Mendez avoit été pris par les Algeriens; qu'il étoit esclave, & que par mal-heur ces Corsaires avoient sçû qu'il étoit Fils d'un riche Marchand, ce qui avoit été cause qu'ils l'avoient mis à une furieuse rançon; qu'ils étoient à Alger dans le tems qu'il y arriva; qu'ils auroient bien voulu le ramener, mais que l'argent qu'ils avoient porté pour tous, n'auroit pas suffi pour luy seul : qu'à leur retour ils étoient allez chez son Pere, pour luy apprendre ces fâcheuses nouvelles; mais qu'ils avoient sçû qu'il s'étoit absenté, & que la perte d'un Galion, sur lequel il avoit tous ses Effets, sans en avoir pû rien sauver, l'avoit reduit à fuïr des Creanciers qui le cherchoient par tout pour le faire mettre en prison; que les choses étant en cet état, ils ne voyoient guére de remede aux maux du pauvre Mendez ; qu'il étoit entre les mains de Meluza, le plus renommé & le plus interessé de tous les Corsaires, & que si ie suivois leur conseil & celuy de mes Parens, ie songerois à prendre un autre Party. J'avois écouté jusques-là ces funestes nouvelles si transsie, que ie n'avois pû les interrompre que par de profonds soûpirs : mais quand il m'eut dit qu'il falloit penser à un autre Party, j'éclatay, & fis des cris & des regrets si pitoyables, que ie touchay de compassion mon Pere, ma Mere, & ces bons Religieux.

L'on m'emporta dans ma Chambre, comme une Fille plus prés de la mort, que de la vie ; l'on envoya querir Doña Henriette, & ce ne fut pas sans douleur qu'elle me vit si malheureuse & si affligée. Je tombai dans une melancolie inconcevable, je me tourmentois nuit & jour, rien n'étoit capable de m'ôter le souvenir de mon cher Mendez.

Le Marquis de Los Rios ayant appris ce qui se passoit, conçut de si fortes esperances, qu'il se trouva bien-tôt en état de venir demander à mon Pere, & même à moy, l'effet des paroles que nous luy avions données. Je voulus luy faire entendre que la mienne n'étoit point dégagée à l'égard de Mendez: qu'il étoit malheureux; mais que je ne luy en étois pas moins promife. Il m'écouta fans fe laiffer perfuader, & il me dit, que j'avois autant d'envie de me perdre, que les autres en ont de fe fauver; que c'étoit moins fon intereft que le mien qui le faifoit agir. Et ravy d'avoir un pretexte qui luy fembloit plaufible, il preffa mon Pere avec tant de chaleur, qu'il confentit à tout ce qu'il fouhaitoit.

Je ne puis vous reprefenter, Madame, dans quelle douleur j'étois abîmée. Qu'eft devenuë, Seigneur, difois-je au Marquis, cette fcrupuleufe delicateffe, qui vous empêchoit de vouloir mon cœur d'une autre main que de la mienne? Si vous me laiffiez au moins le loifir d'oublier

Mendez, peut-être que son absence & ses disgraces me le rendroient indifferent : Mais dans le tems où je suis, toute occupée du cruel accident qui me l'arrache, vous ajoûtez de nouvelles peines à celles que j'ay déja, & vous croyez qu'avec ma main je pourrois vous donner ma tendresse.

Je ne sçay ce que je croy, me disoit-il, ni ce que j'espere ; je sçay bien que ma complaisance a pensé me coûter la vie ; que si vous n'êtes point destinée pour moy, un autre vous possedera ; que Mendez par l'état de sa Fortune n'y doit plus pretendre ; & qu'enfin puisque l'on veut vous établir, vous avez bien de la dureté de refuser que ce soit avec moy. Vous n'ignorez pas ce que j'ay fait jusques icy pour vous plaire, mon procedé vous doit être caution de mes sentimens, & qui vous répondra d'un autre cœur fait comme le mien.

Les jours se passoient ainsi dans les disputes, dans les prieres, & dans une affliction continuelle.

Le Marquis faisoit bien plus de progrez sur l'esprit de mon Pere que sur le mien; Enfin ma Mere m'ayant envoyé querir un jour, elle me dit, qu'il n'y avoit plus à balancer, & que mon Pere vouloit absolument que j'obeïsse à ses ordres. Ce que je pûs dire pour m'en dispenser, mes larmes, mes remontrances, ma douleur, mes prieres, tout cela fut inutile, & ne m'attira que des duretez.

L'on prepara toutes les choses

ses necessaires pour mon Mariage ; le Marquis voulut que tout eût un air de magnificence convenable à sa Qualité ; il m'envoya une Cassette pleine de Bijoux, & pour cent mille livres de Pierreries. Le jour fatal pour nôtre Hymen fut arrêté. Me voyant reduite dans cette extremité, je pris une resolution qui vous surprendra, Madame, & qui marque une grande passion. J'allay chez Dona Henriette ; cette Amie m'avoit toûjours été fidele, & je me jettay à ses pieds ; je la surpris par une action si extraordinaire. Ma chere Henriette, luy dis-je, fondant en larmes, il n'y a plus de remede à mes maux, si vous n'avez pitié de moy; ne m'abandonnez pas, je vous en conjure, dans le triste état où je suis ;

c'est demain que l'on veut que j'épouse le Marquis de Los-Rios. Il n'est plus possible que je l'évite. Si l'amitié que vous m'avez promise est à toute épreuve, & vous rend capable d'une resolution genereuse, vous ne me refuserez point de suivre ma Fortune, & de venir avec moy à Alger payer la rançon de Mendez, & le tirer du cruel esclavage où il est. Vous me voyez à vos genoux, continuay-je, en les embrassant (car quelques efforts qu'elle eût pû faire, je n'avois pas voulu me lever) je ne les quitteray point que vous ne m'ayez donné vôtre parole de faire ce que je souhaite. Elle me témoigna tant de peine de me voir à ses pieds, que je me levay pour l'obliger à me répondre. Aussi-tôt elle m'embrassa avec de grands témoignages de tendresse. Je ne vous refuseray jamais rien, ma chere Marianne, me dit-elle, fût-ce ma propre vie ; mais vous allez vous perdre, & me perdre avec vous. Comment deux Filles pourront-elles executer ce que vous projettez ? Nôtre âge, nôtre sexe, & vôtre beauté, nous exposeront à des avantures, dont la seule imagination me fait fremir : Ce qu'il y a de bien certain, c'est que nous allons combler nos Familles de honte ; & si vous y aviez fait de serieuses reflexions, il n'est pas possible que vous pûssiez vous y resoudre. Ah! Barbare, m'écriai-je, plus Barbare que celuy qui retient mon Amant, vous m'abandonnez ; mais bien que je sois seule, je ne laisseray pas de prendre mon party, aussi bié le secours que vous pourriez me donner, ne me pourroit être fort utile : Restez, restez, j'y consens, il est juste que j'aille sans aucune consolation, affronter tout le peril ; j'avouë même qu'une telle démarche ne convient qu'à une Fille desesperée.

Mes reproches & mes larmes émûrent Henriette ; elle me dît que mon interest l'avoit obligée autant que le sien propre, de me parler comme elle avoit fait ; mais qu'enfin, puisque je persistois dans mon premier sentiment, & que rien ne pouvoit m'en détourner, elle étoit resoluë de ne me point abandonner : Que si je l'en voulois croire, nous nous travestirions. Qu'elle se chargeroit d'avoir deux Habits d'Homme, & que c'étoit à moy de pourvoir à tout le reste. Je l'embrassay avec mille témoignages de reconnoissance & de tendresse.

Je luy demanday ensuite si elle avoit vû les Pierreries que le Marquis m'avoit envoyées : Je les porteray, luy dis-je, pour en payer la rançon de Mendez. Nous resolûmes de profiter de tous les momens ; parce qu'il n'y en avoit aucun à perdre, & nous ne manquâmes ni l'une, ni l'autre, à rien de ce que nous avions projetté.

Jamais deux Filles n'ont été mieux deguisées que nous le fûmes, sous l'Habit de deux Cavaliers. Nous partîmes cette même nuit, & nous nous embarquâmes sans avoir trouvé le moindre obstacle ; mais aprés quelques jours de navigation, nous fûmes surprises d'une tempête si violente, que nous crûmes qu'il n'y avoit point de salut pour nous. Dans tout ce désordre & ce peril, je sentois bien moins de crainte pour moy, que de douleur de n'avoir pu mettre mon cher Mendez en liberté, & d'avoir engagé Henriette à suivre ma mauvaise Fortune. C'est moy, luy disois-je, en l'embrassant, c'est moy, ma chere Compagne, qui excite cet orage; si je n'étois pas sur la Mer, elle seroit calme : Mon malheur me suit en quelque lieu que j'aille, j'y entraîne tout ce que j'aime. Enfin, aprés avoir été un jour & deux nuits dans des allarmes continuelles, le tems changea, & nous arrivâmes à Alger.

J'étois si aise de me voir en état de délivrer Mendez, que ie ne comptois pour rien tous les dangers que j'avois courus: Mais, ô Dieu! que devins-je en débarquant, lors qu'aprés toute la perquifition que l'on pût faire, ie connûs qu'il n'y avoit point d'esperance de retrouver la Cassette où i'avois mis tout ce que i'avois de plus precieux : Je me sentis pressée d'une si violente douleur, que ie pensay expirer avant que de sortir du Vaisseau. Sans doute, cette Cassette qui étoit petite, & dont ie pris peu de soin pendant la tempête, tomba dans la Mer, ou fut volée : lequel que ce soit des deux, ie fis une perte considerable, & il ne me restoit plus que pour deux mille Pistolles de Pierreries, que j'avois gardées à tout évenement, & que ie portois sur moy.

Je resolus avec cela, de faire une tentative prés du Patron de Mendez. Aussi-tôt que nous fûmes dans la Ville, nous nous informâmes de sa Maison ; & l'ayant apprise sans peine (car Meluza étoit fort connu) nous nous y fîmes conduire vêtuës encore en Cavaliers.

Je ne puis vous exprimer, Madame, dans quel trouble j'étois en approchant de cette Maison, où ie sçavois que mon cher Amant languissoit dans les fers ; quelles tristes reflexions ne faisois-je point ? Helas ! qu'est-ce que ie devins, lors qu'en entrant chez ce Corsaire, je vis Mendez enchaîné avec plusieurs autres, que l'on alloit mener à la Campagne pour

pour les faire travailler à polir le Marbre ? Je serois tombée à ses pieds, si Henriette ne m'avoit soûtenuë. Je ne sçavois plus ni où j'étois, ni ce que je faisois. Je voulois luy parler; mais la douleur m'avoit si fort serré le cœur & lié la langue, que je ne pûs proferer une seule parole. Pour luy il ne me regarda pas, il étoit si triste & si abbatu qu'il n'avoit des yeux pour personne ; & il faloit l'aimer autant que je l'aimois pour le pouvoir reconnoître, tant il étoit changé.

Aprés avoir été quelque tems à me remettre de cette violente agitation, j'entray dans une Salle basse, où l'on me dit que Meluza étoit ; je le salüay, & je luy dis le sujet de mon Voyage ; que Mendez étoit mon proche Parent ; qu'il avoit été ruïné par la perte d'un Galion, & par sa captivité, & que c'étoit sur mon propre bien que ie prenois dequoy payer sa Rançon. Le Maure me parut fort indifferent à tout ce que ie luy disois ; & me regardant dédaigneusement, il me répondit qu'il ne s'informoit point où ie prendrois cét argent : mais qu'il sçavoit de science certaine, que Mendez étoit riche ; que cependant, pour me marquer qu'il ne vouloit pas se servir de tous ses avantages, il ne le mettoit qu'à vingt mille Ecus.

Helas ! que sçauroit été peu, si ie n'avois pas perdu mes Pierreries : mais que c'étoit trop en l'état où ie me trouvois. Enfin, aprés avoir long-tems disputé inutilement, je pris tout d'un coup une resolution qui ne pouvoit être inspirée que par un amour extrême.

Voila tout ce que j'ay, dis-je au Corsaire en luy donnant mes Diamans, cela ne vaut pas ce que tu demandes: Prens-moy pour ton Esclave, & sois bien persuadé que tu ne me garderas pas long-tems. Je suis Fille unique d'un riche Banquier de Seville; retiens-moy pour ôtage, & laisse aller Mendez, il reviendra bien-tôt pour me retirer. Le Barbare fut surpris de me trouver capable d'une resolution si genereuse & si tendre. Tu es digne, me dit-il, d'une meilleure fortune: Va, j'accepte le party que tu m'offre, j'auray soin de toy,

& te seray bon Patron. Il faut que tu quitte l'Habit que tu porte, pour en prendre un convenable à ton Sexe; tu garderas même tes Pierreries si tu veux; j'attendray aussi bien pour le tout que pour une partie.

Doña Henriette étoit si confuse & si éperduë du marché que je venois de conclure, qu'elle ne pouvoit assez m'exprimer son déplaisir : mais enfin mal-gré toutes ses remontrances & ses prieres, je tins ferme, & Meluza me fit apporter un Habit d'Esclave, dont ie m'habillay. Il me conduisit dans la Chambre de sa femme, à laquelle il me donna, aprés luy avoir raconté ce que ie faisois pour la liberté de mon Amant.

Elle en parût touchée, & me promit qu'elle adouciroit le tems de ma servitude par tous les bons traitemens qu'elle me pourroit faire.

Le soir, quand Mendez fut de retour, Meluza le fit appeller, & luy dit que comme il étoit de Seville, il luy vouloit faire voir une Esclave qu'il avoit achetée, parce qu'il la connoîtroit peut-être.

Aussi-tôt on me fit entrer. Mendez à cette vûë perdant toute contenance, vint se jetter à mes genoux ; & prenant mes mains qu'il baisoit tendrement, & qu'il moüilloit de ses larmes, il me dit tout ce qui se peut penser de plus touchant & de plus tendre. Meluza & sa femme se divertirent, de voir les differens mouvemens de joye & de tristesse, d'amour & de peine, dont nous étions agitez : enfin ils apprirent à Mendez les obligations qu'il m'avoit ; qu'il étoit libre, & que ie resterois à sa place. Il fit tout ce que l'on pût faire pour me détourner de prendre un tel party. Hé quoy ! me disoit-il, vous voulez que ie vous charge de mes chaînes, ma chere Maîtresse, pourray-je être libre quand vous ne le serez pas ? Je vais donc faire pour vous ce que vous venez de faire pour moy ; je me vendray, & je vous rachepteray de cét argent : car enfin, considerez que quand même ie serois en état aussitôt que j'arriveray à Seville, d'y trouver des secours & de revenir sur mes pas pour vous ramener, je ne pourrois cependant me resoudre de vous quitter : Jugez donc si ie le pourray, dans un tems où ma fortune ne me promet rien, & que ie suis le plus mal-heureux de tous les hommes. J'opposay à toutes ses raisons la tendresse de mon Pere, qui ne me laisseroit pas Esclave aussi-tôt qu'il le sçauroit. Enfin, j'employay tout le pouvoir que j'avois sur son esprit, pour qu'il profitât de ce que ie faisois en sa faveur.

Que vous diray-je, Madame, de nôtre separation ? elle fut si douloureuse, que les parolles ne peuvent exprimer ce que nous sentîmes. J'obligeay Henriette de partir avec luy, afin qu'elle allât solliciter & presser mes Parens de faire leur devoir à mon égard.

Cependant, mon Pere & ma Mere étoient dans une affliction inconcevable; & lorsqu'ils s'apperçûrent de ma fuïte, ils en penserent mourir de douleur.

Ils se reprochoient sans cesse, ce qu'ils avoient fait pour m'obliger à épouser le Marquis de Los Rios. Il n'étoit pas de son côté dans un moindre desespoir; ils me faisoient chercher inutilement dans tous les endroits où ils pouvoient s'imaginer, que je me serois cachée.

Deux années entieres s'écoulerent, sans que je reçûsse ni nouvelles ni secours de Mendez; ce qui me fit croire avec beaucoup d'apparence, qu'Henriette & luy étoient péris sur Mer. Je leur avois donné toutes les Pierreries que Me-

D'ESPAGNE. 321

luza m'avoit laissées : mais ce n'étoit pas leur perte, ni celle de ma liberté, que je regrettois. C'étoit mon cher Amant & ma fidelle Amie, dont le souvenir m'occupoit sans cesse, & me causoit une affliction sans égale. Je n'avois plus de repos ni de santé ; je pleurois nuit & jour ; je refusois de sortir d'esclavage, en negligeant d'écrire à mon Pere ma triste Destinée. Je ne souhaitois qu'une prompte mort, & j'aurois voulu la rencontrer pour finir mes peines & mes mal-heurs.

Meluza & sa femme avoient pitié de moy : ils ne doutoient point que Mendez ne fut pery ; ils me traitoient moins cruellement que ces gens-là n'ont accoûtumé de traiter les mal-heureux qui tombent entre leurs mains.

Un jour que Meluza revenoit de course, il ramena plusieurs personnes de l'un & l'autre sexe qu'il avoit prises ; mais entr'autres une jeune Fille de condition, qui étoit de Seville, & que je connoissois. Cette vûë renouvella toutes mes douleurs ; elle fût fort surprise de me trouver dans ce triste lieu. Nous nous embrassâmes tendrement ; & comme je gardois un profond silence : Comment, belle Marianne, me dit-elle, êtes-vous si indifferente pour vos Proches & pour voſtre Patrie, que vous n'ayez aucune curiosité d'en apprendre des nouvelles ? Je levay les yeux vers le Ciel, & poussant un profond soûpir, je la priay de me dire si l'on ne sçavoit point en quel lieu Mendez & Henriette étoient peris. Qui vous a dit qu'ils soient peris, reprit-elle? Ils sont à Seville, où ils menent une vie fort heureuse.

Mendez a rétabli ses Affaires, & s'est fait un plaisir & un honneur de publier par tout les extrêmes obligations qu'il avoit à Henriette. Peut-être ignorez-vous, continua-t-elle, que Mendez avoit été pris & fait Esclave par les Algériens, cette genereuse Fille se travestît, & vint l. racheter jusqu'ici; mais il n'en a pas esté ingrat, il l'a épousée.

C'est une union charmante entr'eux, l'himen n'en a point banni l'amour. Comme elle parloit encore, elle s'aperçût tout d'un coup que j'étois si changée, qu'il sembloit que j'allois mourir; mes forces m'abandonnerent; mes yeux se fermerent, & je tombai évanouïe entre ses bras ; elle s'effraya extremement ; elle appella mes Compagnes qui me mirent au lit, & tâcherent de me tirer d'un état si pitoyable.

Cette belle Fille s'y empressa plus qu'aucune autre ; & lorsque je fûs revenuë à moy, je commençay à me plaindre, je pousay des soûpirs & des sanglots capables d'émouvoir quelque chose de plus barbare qu'un Corsaire.

Meluza en effet fut touché du recit d'une trahison si inconcevable, & sans m'en rien dire il s'informa de sa nouvelle Esclave du nom de mon Pere, il luy écrivit aussi-tôt tout ce qu'il sçavoit de mes malheurs.

Ces Lettres penserent faire mourir ma Mere, elle ne pouvoit s'imaginer qu'à dix-huit ans je fusse dans les fers, sans verser un torrent de larmes : mais ce qui augmenta tous ses déplaisirs, c'étoit le desordre des affaires de mon Pere. Plusieurs Banqueroutes considerables l'avoient ruiné, il n'étoit plus dans le Commerce, & c'etoit une chose impossible de trouver les vingt mille Ecus que Meluza vouloit avoir pour ma rançon.

Le genereux Marquis de Los Rios apprit ces nouvelles, & vint trouver mon Pere pour luy offrir tout ce qui étoit à son pouvoir. Je ne le fais point, luy dit-il, en vûë de violenter les inclinations de vôtre Fille lorsqu'elle sera icy, ie l'aimeray toûjours ; mais ie ne la chagrineray iamais. Comme mon Pere n'avoit point d'autre party à prendre, il accepta ce qui luy étoit presenté de si bon cœur; & aprés luy avoir témoigné sa reconnoissance, pour des obligations si peu communes, il s'embarqua, & arriva heureusement à Alger, dans le tems où je ne songeois qu'à mourir.

Il m'épargna tous les reproches que je meritois, il me racheta, & racheta à ma priere cette aimable Fille de Seville: Sa rançon étoit mediocre. Nous retournâmes ensemble, & ma Mere me reçût avec tant de joye, qu'il ne s'en peut ressentir une plus parfaite. J'y répondis autant qu'il me fut possible: mais, Madame, je portois toûjours dans mon cœur le trait fatal qui m'avoit blessée; tout ce que ma raison me pouvoit representer, n'étoit pas capable d'effacer de mon souvenir l'Image du traître Mendez.

Je vis le Marquis de Los-Rios ; il n'osa me parler des sentimens qu'il avoit conservez pour moy ; mais je luy avois des obligations si pressantes, que la reconnoissance me fit faire pour luy, ce que l'inclination m'auroit fait faire pour un autre.

Je luy offris ma main, & il me donna la sienne avec autant de passion, que s'il n'avoit pas eu des sujets essentiels de se plaindre de moy.

Je l'épousay enfin ; & comme j'apprehendois de revoir Mendez; cet ingrat auquel je devois tant d'horreur, & pour lequel j'en avois si peu, je priay le Marquis que nous demeurassions à la Maison de Campagne qu'il avoit prés de Seville.

Il vouloit toûjours ce que ie voulois, avec la derniere complaisance : Il souhaita même que mon Pere & ma Mere s'y retirassent ; il adoucit le méchant êtat de leur Fortune par des liberalitez essentielles ; & je puis dire, qu'il ne s'est jamais trouvé une Ame plus veritablement grande. Jugez, Madame, de tous les reproches que ie faisois à mon cœur, de n'être pas pour luy aussi tendre qu'il le devoit : Mais c'étoit un crime où mon malheur seul avoit part : Il ne dependoit point de moy d'oublier Mendez, & ie sentois toûjours de nouveaux déplaisirs, lorsque j'apprenois sa felicité avec l'infidele Henriette.

Aprés avoir passé deux ans dans une continuelle attention
sur

sur moy-même, pour ne rien faire qui ne fût agreable à mon Epoux, le Ciel me l'ôta, ce genereux Epoux; & il fit pour moy dans ces derniers momens, ce qu'il avoit toûjours fait jusqu'alors; c'est à dire, qu'il me donna tout son bien avec des témoignages d'estime & de tendresse, qui relevoient beaucoup un Don si considerable. Il me rendit la plus riche veuve d'Andalousie; mais il ne sceut me rendre la plus heureuse.

Je ne voulus point retourner à Seville, où mes Parens me souhaitoient; & pour m'en éloigner, je pris le pretexte qu'il falloit que j'allasse dans mes Terres y donner les ordres necessaires. Je partis; mais comme il y a une fatalité particuliere dans tout ce qui me regarde, en arrivant à une Hôtellerie, le premier objet qui frappa ma vûë, ce fut l'infidele Mendez. Il étoit en grand deüil, & il n'avoit rien perdu de tout ce qui me l'avoit fait trouver trop aimable. Je frissonnay, je pâlis; & voulant m'éloigner promptement de luy, je me sentis si foible, & si tremblante, que je tombay à ses pieds. Quoy qu'il ne me connût pas encore, il s'empressa pour m'aider à me relever; mais la grande Mante sous laquelle j'étois cachée, s'étant ouverte, que devint-il, en me voyant ? Il ne resta guéres moins éperdu que moy. Il voulut s'approcher ; mais jettant un regard furieux sur luy : Oseras-tu, Parjure, luy dis-je, oseras-tu t'approcher de moy ? Ne crains-tu point la juste punition de tes perfidies ? Il fut quelque tems sans me répondre, & j'allois le quitter, lorsqu'il s'y opposa. Accablez-moy de reproches, Madame, me dit-il; donnez-moy les Noms les plus odieux, je suis digne de toute vôtre haine; mais ma mort va bien-tôt vous vanger, ouy je mourray de douleur de vous avoir trahie & de vous avoir déplû; & si je regrette quelque chose en mourant, c'est de n'avoir qu'une vie à perdre, pour expier les crimes dont vous pouvez justement m'accuser. Il me parut fort touché en achevant ces mots : Et plût au Ciel que l'on pût se promettre un veritable repentir d'un traître ! Je ne voulus pas hazarder une plus longue conversation avec luy. Je le quittay sans daigner luy répondre ; & cette marque de mépris & d'indifference luy fut sans doute plus sensible que tous les reproches que j'aurois pû luy faire.

Il avoit perdu sa Femme depuis quelque tems, cette infidele qui luy avoit aidé à se revolter contre tous les devoirs de l'Amour, de l'Honneur, & de la Reconnoissance, & depuis ce jour-là il me suivit par tout. Il étoit comme une Ombre plaintive attachée à mes pas ; car il devint si maigre, si pâle, & si changé, qu'il n'étoit plus reconnoissable. O Dieu ! Madame, qu'elle violence ne me faisois-je point, pour continuer de le maltraiter ? Je sentis enfin, que je n'avois plus le courage de resister à la foiblesse de mon cœur, & à l'ascendant que ce malheureux a sur moy. Plutôt que de faire une faute si honteuse, & de luy pardonner, je partis pour Madrid; j'y ay des Parens, je cherchay parmy eux un azile contre mes propres mouvemens.

Je n'y fus pas long-tems que Mendez ne l'apprit, & ne m'y vint chercher. Je vous avouë que ie n'étois point fâchée de ce qu'il faisoit encore pour me plaire; mais malgré le penchant que j'ay pour luy, je fis une forte resolution de l'éviter, puisque je ne le pouvois haïr; & sans que personne l'ait sçû, j'ay pris le chemin de Burgos, où ie vais m'enfermer avec une de mes Amies qui y est Religieuse.

Je me flatte, Madame, d'y

trouver plus de repos que ie n'en ay eu iusqu'à present. La belle Marquise ce tût en cét endroit, & je luy témoignay une reconnoissance particuliere de la grace qu'elle m'avoit faite. Je l'assurai de la part que je prenois à ses déplaisirs, je la conjurai de m'écrire, & de me donner de ses nouvelles à Madrid, & elle me le promit le plus obligeamment du monde.

Nous aprîmes le lendemain qu'il étoit impossible de partir, parce qu'il avoit neigé toute la nuit, & que l'on ne voyoit aucuns sentiers battus dans la Campagne ; mais nous avions une assez bonne Compagnie pour nous en consoler, & nous passions une partie du tems à joüer à l'Ombre, & l'autre en conversation. Aprés avoir été trois jours avec la Marquise de Los-Rios, sans m'être apperçuë de la longueur du tems, par le plaisir que je trouvois à l'entendre & à la voir (car elle est une des plus aimable Femme du Monde) nous nous separâmes avec une veritable peine, & ce ne fut pas sans nous être encore promis de nous écrire, & de nous revoir.

Le tems s'est adoucy, j'ay continué mon Voyage pour arriver à Lerma. Nous avons traversé des Montagnes effroyables, qui portent le nom de Sierra de Cogollos, ce n'a été qu'avec beaucoup de peine que nous nous y sommes rendus. Cette Ville est petite, elle a donné son Nom au fameux Cardinal de Lerma, Premier Ministre de Philippe III. C'est celuy à qui Philippe

... DU VOYAGE, &c.
... grands biens qu'il
... du Roy son Maître.
... château que je verray
..., & dont je vous pour-
... parler dans ma premiere
Lettre : L'on m'avertit qu'un
Courier extraordinaire vient
d'arriver, & qu'il partira cette
nuit. Je profite de cette occasion pour vous donner de mes
Nouvelles, & finir cette longue
Lettre ; car en verité je suis lasse
du chemin, & lasse d'écrire;
mais je ne le seray jamais de
vous aimer, ma chere Cousine,
soyez-en bien persuadée. Adieu.
Je suis toute à vous.

De Lerma ce 5. de May 1679.

Fin du premier Tome.

- Aqueduc de Segovie.

www.ingramcontent.com/pod-product-compliance
Lightning Source LLC
Chambersburg PA
CBHW050751170426
43202CB00013B/2388